Ariel & Shya Kane

Lebe im Augenblick!

Verwandeln statt verändern

Die Erfahrung der Unmittelbaren Transformation

Aus dem amerikanischen Englisch übersetzt
von Sylvia Luetjohann

WINDPFERD

Titel der Originalausgabe: *Working on Yourself Doesn't Work – 3 Simple Ideas That Will Instantaneously Transform Your Life,* erschienen bei McGraw-Hill, USA

Eine bearbeite und erweiterte Neuausgabe des 2001 erschienenen Titels
„Unmittelbare Transformation – Lebe im Augenblick und nicht in Gedanken"
Autorisierte Übersetzung aus dem amerikanischen Englisch
von Sylvia Luetjohann

Windpferd Taschenbuch
85644

3. Auflage März 2011

Vollständige Taschenbuchausgabe
der im Windpferd Verlag erschienenen Ausgabe
Lebe im Augenblick!!

WINDPFERD TB ist ein Imprint der
Windpferd Verlagsgesellschaft mbH

Umschlaggestaltung: Kuhn Communication Design, Amden (CH),
unter Verwendung einer Illustration von iStockphoto
Illustrationen: Barnett Plotkin
Lektorat: Stefanie Ehrle und Team
Layout: Marx Grafik & ArtWork
Gesetzt aus der Adobe Garamond
Druck: Himmer AG, Augsburg

FSC www.fsc.org MIX Papier aus verantwortungsvollen Quellen FSC® C095359

Printed in Germany
ISBN 978-3-89385-644-2
www.windpferd.de

Als Shya noch ein kleiner Junge war, fragte er seine Mutter Ida, warum die Menschen denn so unglücklich seien und warum es so viel Schmerz und Leiden in der Welt gebe.

„Ich weiß es nicht", antwortete sie. „So ist es immer gewesen. Vielleicht kannst du etwas dagegen tun, wenn du groß bist!"

Für unsere Eltern:

Geri und Don
Max und Ida

und für alle, die jemals davon geträumt haben, etwas zu verändern.

INHALT

VORWORT

Einstein sagte: „Kein Problem kann von demselben Bewusstsein gelöst werden, das es erschaffen hat. Wir müssen lernen, die Welt auf neue Art und Weise zu sehen."

Doch wie kannst du lernen, die Welt auf neue Art und Weise zu sehen? Was kannst du tun, um eine Zukunft zu erschaffen, die nicht einfach nur die Vergangenheit wiederholt oder schrittweise an dem herumbessert, was du vorher gehabt hast? Wie kannst du Quantensprünge in deiner Lebensqualität erfahren?

Nach jahrelanger leidenschaftlicher Erforschung von vielen verschiedenen Arten der Selbstverbesserung haben wir beide schließlich die verblüffende Antwort auf diese Fragen erkannt: Es funktioniert nicht, an dir selbst zu arbeiten. Letztlich haben wir diesen gegenwärtigen Augenblick und die Unmittelbare Transformation entdeckt.

Nachdem wir selbst in die meisten Fallen getappt waren, die einen davon abhalten, im Augenblick zu leben, sind wir zu erfahrenen Wegbegleitern geworden, die jetzt viele Menschen durch den Sumpf des Verstandes zur Klarheit und Brillanz des Augenblicks führen.

In diesem Buch werden wir unsere drei Prinzipien der Unmittelbaren Transformation vorstellen und einen Überblick darüber geben, wie diese drei einfachen Ideen als Zugangspunkt in den

Augenblick und Eingangstür zu innerem Frieden dienen können. Wir werden nicht nur Konzepte herausstellen, die dein wahres Potential erschließen, sondern wir werden auch aufzeigen, was dich daran hindert, dein Leben direkt und unmittelbar zu leben. Damit ist gemeint, dass du in deiner Fähigkeit bestärkt wirst, das Leben direkt zu erfahren, zu handeln und du selbst zu sein, anstatt darüber nachzudenken, was du als Nächstes tun sollst, und dich darum zu sorgen, ob du mit deinem Leben richtig umgehst oder nicht.

Auf den folgenden Seiten werden wir definieren und aufzeigen, was wir mit Bewusstheit meinen: eine nicht beurteilende Beobachtung, die bisher unerwünschte gewohnheitsmäßige Verhaltensweisen vollendet. Indem du einfach zur Kenntnis nimmst, wie du bist, ohne dich dafür zu beurteilen, was du siehst, wirst du deine Fähigkeit stärken, präsent und zentriert zu sein, und ungeachtet der Umstände Wohlbefinden erfahren.

Die meisten von uns haben gelernt, dass wir streng mit uns selbst sein müssen, um unerwünschte Zustände zu verändern oder uns davon zu befreien. Entgegen der herrschenden Meinung wirst du in deinem Leben weder auf der Stelle treten noch selbstgefällig werden, wenn du dich nicht be- oder verurteilst und wenn du wegen deiner „schlechten" Gewohnheiten nicht streng gegen dich selbst bist. Während unserer Arbeit mit Tausenden von Menschen aus allen sozialen Schichten, aus vielen verschiedenen Kulturen in der ganzen Welt, haben wir die Erfahrung gemacht, dass, wenn jemand sein Leben mit Bewusstheit lebt, dieses Individuum sich selbst bestärkt und produktiver, erfolgreicher und zufriedener wird.

In den folgenden Kapiteln werden wir auch den Unterschied zwischen Veränderung und Transformation untersuchen, damit du nicht mehr eine Zukunft gestalten musst, welche die Vergangenheit wiederholt oder allenfalls geringfügig besser ist als das, was du vorher hattest.

Wir laden dich ein, dich uns anzuschließen und die Fertigkeit zu entdecken, wirklich im Augenblick zu leben, tagaus, tagein, nicht nur dann, wenn deine Lebensumstände zufällig einmal leicht zu bewältigen sind. Die einfachen, aber tiefgreifenden Ideen in diesem Buch werden dich darin unterstützen, die Mühelosigkeit der Unmittelbaren Transformation zu erkennen, spontan Quantensprünge in deiner Lebensqualität zu erschaffen.

DANKSAGUNG

Wir danken allen Meistern, die vor uns kamen und ein Vermächtnis für das Erwachen hinterlassen haben, und all jenen, mit denen zu studieren wir auf unseren eigenen Wegen zur Selbst-Entdeckung die Gelegenheit hatten.

Wie unser Leben, so ist Unmittelbare Transformation ein lebendiges, atmendes und sich entfaltendes Wesen. Jederzeit entwickelt und verändert sich auch die Gemeinschaft von Menschen, die aktiv daran teilnehmen oder am Rande dazugehören. Wir danken all jenen, deren Wege sich mit den unsrigen in unseren Seminaren und Beratungssitzungen gekreuzt haben. Indem wir an euren Leben und euren Lebensumständen teilhatten, habt ihr uns darin bestärkt, die Methode der Unmittelbaren Transformation zu entdecken und zu definieren. Viele von euch werden sich in den im ganzen Buch verwendeten Beispielen wiedererkennen.

Wir danken unserem Schwager Barnett (Barney) Plotkin, dessen Illustrationen unserer Arbeit eine ganz neue Dimension hinzugefügt haben – du lebst in diesem Buch weiter.

Nicht zuletzt sind wir all jenen sehr dankbar, die uns im Laufe der Jahre ermutigt und uns ehrlich die Wahrheit erzählt haben. Ohne sie, da sind wir uns sicher, wäre *Lebe im Augenblick!* immer noch ein Traum und keine Wirklichkeit.

EINFÜHRUNG

Unzählige von uns haben sich auf die eine oder andere Weise einer Therapie unterzogen. Diejenigen, die Wohlbefinden suchen, haben an Seminaren teilgenommen, deren Themen von der Heilung des inneren Kindes bis zum Zeit-Management reichen. Wir haben Zeit und Geld in alles Mögliche, von Meditationsretreats über Feuerlauf bis hin zum Höchstleistungstraining, investiert. Die meisten von uns haben unser Leben analysiert, unseren Tagesablauf geplant, unsere Ernährung geändert, unsere Lebensziele visualisiert und um Führung gebeten.

Und doch, auch nachdem wir beide Hunderte von Seminaren und Kursen besucht und jede Menge inspirierender Bücher gelesen hatten, blieb da immer noch ein Gefühl von Leere. Nach jedem Seminar, Retreat oder Buch verfügten wir über ein neues System, wodurch wir das Leben betrachteten. Wir fühlten uns angetörnt oder waren von uns selbst begeistert, veränderten uns manchmal sogar und waren von frischer Lebenskraft erfüllt – doch früher oder später lagen wir nachts wieder wach und dachten; „Es muss doch mehr mit dem Leben auf sich haben als nur das!"

Anfangs konnten wir noch Ziele für unsere Leere verantwortlich machen. Wir hatten eben unsere Ziele nicht erreicht. Also machten wir noch einen weiteren Kurs, in welchem wir Listen schrieben, Pläne machten, visualisierten und Strategien entwarfen, die Gesetze der Anziehung anwendeten, um Dinge heranzuholen, die wir haben wollten, Dinge, von denen wir glaubten, dass sie uns fehlten, und die endlich das Gefühl von Wohlbefinden hervorrufen sollten, das so trügerisch war.

Das Leben wurde sehr schwierig für uns beide, als dieser Visualisierungsansatz „funktionierte". Bald nachdem wir das besaßen, wonach wir gestrebt hatten – die Eigentumswohnung in der Park Avenue in Manhattan, die erfolgreiche Karriere, jede Menge Freunde und eine tolle Beziehung –, wurde die Sinnlosigkeit, das Gefühl, dass wir etwas vermissten, allzu stark, um noch ignoriert werden zu können.

In jedem von uns herrschte eine stille Verzweiflung, es „richtig" in unserem Leben, es „anders" zu machen. Und doch bewirkte selbst unser freiwilliger Einsatz, anderen zu helfen, nur momentane Aussetzer, dass alles in Ordnung sei, während wir insgeheim im Grunde unseres Herzens unglücklich waren und uns nicht wirklich wohl fühlten.

Unser Leben war zu dieser Zeit ein Pendel, das hin- und herschwang zwischen dem Identifizieren eines Problems und dem Aufwarten mit einer vernünftigen Lösung. An diesem Punkt waren wir der Meinung, dass die Quelle für unsere Unzufriedenheit sein müsse, Dinge zu erwerben und für die Zukunft zu leben. Dieser Logik zufolge dachten wir, dass wir, wenn wir unser Leben vereinfachten, auf alles verzichteten und zu meditieren lernten, jenen flüchtigen Glückszustand hervorrufen würden.

Deshalb verließen wir New York, verkauften unsere Wohnung in der Park Avenue und veranstalteten eine Art Flohmarkt, wo wir all unsere Sachen verkauften. Wir kauften zwei Rucksäcke, einige Vorräte und machten uns auf den Weg in die Welt. Tatsächlich kamen wir nur bis Norditalien. Am Anfang unserer Weltreise machten wir halt in einem Meditationszentrum, wo wir uns zu einem weiteren dreiwöchigen Workshop angemeldet hatten. Aber diesmal war etwas anders als sonst. Als wir zu diesem Center kamen, hörten wir auf davonzulaufen – davonzulaufen vor der inneren Leere und letztlich vor uns selbst.

Wir blieben fast zwei Jahre dort und überprüften, hinterfragten alles: unsere Gedanken, unsere Kultur, unsere Wahrheit, ja sogar, ob wir weiter zusammenbleiben sollten. Wir nahmen an Gruppen teil, die oft über Monate gingen und sich mit Heilung, Atem, Tanz, Intuition und Massage beschäftigten; auch ein fortgeschrittenes Beratertraining war dabei. Unser letzter Workshop war ein sechsmonatiger Meditations-Intensivkurs rund um die Uhr.

Am Ende dieser sechs Monate dachten wir nicht mehr, dass Meditation die Antwort sei. Mittlerweile hatten wir es geschafft, fast das ganze Geld auszugeben, das wir aus dem Wohnungsverkauf bekommen hatten. Unsere Kreditkarten hatten ihr Limit erreicht, aber wenigstens hatten wir noch einander.

Es war Zeit, wieder die wirkliche Welt zu betreten. Daher kehrten wir in die Vereinigten Staaten zurück, liehen uns ein Auto von Ariels Eltern, fuhren nach San Francisco und mieteten uns dort ein Zimmer. Einige Monate nach unserer Ankunft in Kalifornien besuchten wir eine Abendveranstaltung von den Leuten, die das Meditationszentrum in Italien geleitet hatten. Tatsächlich erkannten wir hier, dass sie sich der „Arbeit" an Problemen widmeten und andere dazu ermutigten, dieser Herangehensweise zu folgen. Als wir dies merkten, erkannten wir plötzlich und spontan, dass die Arbeit an dir selbst nicht funktioniert und dass die Arbeit an dir selbst in Wirklichkeit einen endlosen Kreislauf des Schmerzes erzeugt.

Es wurde offensichtlich für uns, dass diese wohlmeinenden Typen ins Leere fielen und in Sackgassen voller Schmerz und

Leiden gerieten. Wir sahen ein, dass ihr Weg und der unsrige in verschiedene Richtungen gingen und wir unseren eigenen Weg finden mussten.

Etwa um diese Zeit begannen wir festzustellen, dass wir reich waren. Obwohl wir nur sehr wenig Geld besaßen, fühlten wir uns innerlich wohl. Wir liebten uns. Wir waren erfüllt, und es beunruhigte uns auch nicht, dass wir nicht genau wussten, was wir als Nächstes tun würden. Wir fühlten inneren Frieden. Abends lasen wir uns gegenseitig laut aus einem Buch mit dem Titel *Die Zen-Lehre vom Ungeborenen: Leben und Lehre des Zen-Meisters Bankei* vor. Dieses Buch enthält die Darlegungen und Belehrungen eines Zen-Meisters aus dem 17. Jahrhundert über das Thema der Selbst-Verwirklichung. Eines Tages, als wir vom Strand aus den Hang hochliefen, erkannte Shya, dass er in Übereinstimmung mit dem selbst-verwirklichten Zustand lebte, der in diesem Buch beschrieben wird. In diesem Augenblick erklärte er, dass er genug davon habe, an sich selbst zu arbeiten. Es war eine mutige Entscheidung. Als Konsequenz davon hörte er auch augenblicklich damit auf, an Ariel zu arbeiten. Innerhalb von ein oder zwei Tagen begann sich die Auswirkung dieser neuen Realität wirklich deutlich zu zeigen. Wir entdeckten unausgelotete Tiefen des Mitgefühls für uns selbst und füreinander. Wir hatten wirklich spontan damit aufgehört, an uns selbst und gegenseitig aneinander zu arbeiten.

Diese Unmittelbare Transformation wurde auch für unsere Freunde offensichtlich. Die Leute wollten wissen, was denn passiert sei. „Ihr habt euch so verändert“, meinten sie. Allein schon durch unsere Nähe fühlten sie sich zentriert und in Einklang mit sich selbst. Wir wurden dazu eingeladen, mit ihnen und ihren Freunden zu sprechen – so wurden unsere ersten Workshops ins Leben gerufen.

Nun ließen wir uns auf ein großartiges neues Abenteuer ein – das Abenteuer unseres Lebens. Wir mussten die neue Essenz dessen bestimmen, wie wir lebten und welche Einstellung wir dem Leben gegenüber hatten. Dies war eine Herausforderung. Wie drückt man etwas aus, das sich mit Worten nicht ausdrücken lässt? Nachdem wir einmal begonnen hatten, in einem Zustand des Wohlgefühls von Augenblick zu Augenblick zu leben, hatten wir vergessen, dass dies nicht die Norm war. Als wir die Vergangenheit losließen, vergaßen wir rasch die ganzen Schmerzen und Mühen, die so sehr zu unserer täglichen Existenz gehört hatten. Nachdem wir, jeder für sich und gemeinsam, so viel in unserem Leben durchgemacht hatten, stellten wir fest, dass uns dies unglaubliche Einsichten beschert hatte. Wenn wir nun Leute voller Schmerz sehen, die vergebens die unnützen Wege entlanglaufen, die wir selbst zurückgelegt haben, dann können wir sagen: „Wir kennen dich. Wir sind auch dort gewesen. Aber es muss für dich nicht so lange dauern wie für uns. Du kannst hier und jetzt, heute, in diesem Augenblick ans Ziel kommen." Und das stimmt! Durch unsere Methode der Unmittelbaren Transformation finden Menschen nun rasch ihr wahres Selbst. Das ist spannend. Wir haben immer wieder gesehen, wie sich ihr Leben – ungeachtet von Alter, Rasse, Geschlecht, Nationalität oder Religion – unmittelbar, in einem Augenblick verwandelt. Du brauchst nicht an dir selbst zu arbeiten. Es genügt, mit dem gegenwärtigen Augenblick eins zu werden.

Dieses Buch kann die persönliche, die individuelle Transformation erleichtern. Wir haben mit einer Mischung unserer Ideen und persönlicher Erfahrungen viele der Themen angesprochen, die immer wieder in unseren Workshops auftauchen.

Bitte nimm dieses Buch nicht allzu ernst, und bitte glaube uns nicht, was wir sagen. Wirklich keiner von uns braucht ein neues

Glaubenssystem. Wenn du willst, dann kannst du so tun, als ob du einen Fantasy-Roman, einen Thriller oder vielleicht auch gute Science-fiction lesen würdest.

Und wer weiß – vielleicht wirst du ja unterwegs auf dich selbst stoßen.

1

WIE DIESES BUCH ZU NUTZEN IST

Die Wahlmöglichkeiten, mit denen wir uns heute konfrontiert sehen, sind zweifellos weitaus verwirrender als noch vor hundert Jahren, als die gesellschaftlichen Rollen festgelegt waren und man sich blind an die kulturellen Vorgaben halten konnte. Mehr und mehr hat der Einzelne nun die Macht, seinen eigenen Weg zu gehen. Wir leben nicht mehr in kleinen Gemeinschaften mit nur wenigen Optionen außerhalb der Standardnormen, Sitten und Ideale der uns umgebenden Menschen. Mit Flugreisen können wir heute große Entfernungen in kurzer Zeit zurücklegen. Durch das Fernsehen tauchen andere Kulturen und globale Ereignisse in unseren Wohnzimmern auf. Durch die Nutzung des Internets und nicht weiter als einen Mausklick entfernt versorgt uns eine riesige Informationsmenge mit Optionen und Alternativen, auf die wir von uns aus niemals gekommen wären. Bei der Wahl einer Beschäftigung ist das Geschlecht nicht mehr der bestimmende Faktor. Wenn jeder von uns seinen eigenen, seinen einzigartigen Weg einschlägt, tauchen Fragen auf: Ist das, was ich mache, richtig? Bin ich mit dem richtigen Partner zusammen? Ist das die passende Arbeit für mich? Möchte ich Kinder haben? Sollte ich vielleicht umziehen? Wie kann ich mir sicher sein?

Bei der großen Anzahl an Möglichkeiten, die sich uns heute bieten, möchten wir darauf vertrauen können, dass unsere Wahl gut ist. Wir möchten innerlich stark, aber nicht unnachgiebig sein. Wir möchten uns so fühlen, als habe unser Leben eine Richtung, Zielsetzung und Bedeutung. Wir lesen, forschen und tauschen Ideen aus in der Hoffnung, uns dadurch zentriert und produktiv und voller Lebenskraft zu fühlen. Wir halten nach etwas Ausschau, das unsere alltägliche Existenz in ein aufregendes, atemberaubendes Abenteuer verwandelt – und wir suchen nach innerer Ruhe, Gesundheit und Zufriedenheit. Wonach sich die Menschen im Grunde ihres Herzens wirklich sehnen, ist von den Weisen aller Zeiten als Erleuchtung und Selbst-Verwirklichung umschrieben worden. Es gibt auch noch andere Synonyme dafür – Nirvana, das Erwachen, der Große Weg, der Himmel auf Erden, Christus-Bewusstsein oder dein Höheres Selbst realisieren.

> Der Himmel auf Erden geschieht gleichzeitig mit unserem Leben, so wie es sich zeigt, genau jetzt, in diesem Augenblick. Der Trick dabei ist, Tag für Tag, von Augenblick zu Augenblick, Zugang zu diesem gleichzeitig existierenden Zustand zu haben – und nicht nur unter angenehmen und idealen Bedingungen.

Wir beide haben, seitdem wir erwachsen sind, fast unser ganzes Leben auf der Suche nach dem Wunderbaren verbracht. Wir hungerten förmlich nach jenem Seinszustand, worin Zufriedenheit, Selbstausdruck und Kreativität begründet sind. Auf der Suche nach jenem schwer fassbaren Zustand haben wir an unzähligen

Workshops teilgenommen und sind zu Meistern auf der ganzen Welt gereist – nur um zu entdecken, dass Erleuchtung, Selbst-Verwirklichung und Zufriedenheit in unserem gegenwärtigen Seinszustand bereits existieren.

Auf den folgenden Seiten wollen wir die Schlüssel aufzeigen, welche die Tür zu einem Leben im Augenblick öffnen. Dies wird eine transformative Wandlung erleichtern und es dir möglich machen, ein lohnenderes, produktiveres und befriedigenderes Leben zu führen. Wir werden auch aufzeigen, was einer vitalen und lebendigen Lebensweise entgegensteht. Doch zuerst möchten wir ein paar Konzepte vorstellen, die dich darin unterstützen werden, den größten Nutzen aus diesem Buch zu ziehen.

PARADOX UND VERWIRRUNG

Wie es heißt, sollen die Tore zur Erleuchtung von zwei Löwen bewacht werden. Einer der Löwen versinnbildlicht das Paradox. Beim Weiterlesen werden dir vielleicht einige Ideen paradox erscheinen – mit anderen Worten, es mag den Anschein haben, dass wir zwei Ideen vorstellen, die in direktem Gegensatz zueinander stehen. Ein Paradox liegt dann vor, wenn diese zwei scheinbar widersprüchlichen Ideen beide wahr sein können. Nimm beispielsweise die Redensart: „Wasser, Wasser überall, und doch kein Tropfen zu trinken." Nun könnte man annehmen, wenn überall Wasser ist, dass man es dann natürlich auch trinken kann. Wenn du jedoch inmitten des Ozeans auf einem Floß dahintreibst, würde diese Aussage nicht nur der Wahrheit entsprechen, sondern auch ganz und gar plausibel sein. Wenn du beim Weiterlesen von *Lebe im Augenblick!* mit scheinbar widersprüchlichen Ideen konfrontiert wirst, dann legen wir dir nahe, deinen Widerspruch unaufgelöst zu lassen und sie entspannt zu akzeptieren. Wenn du die Ideen sich in dir setzen lässt, wirst du vielleicht eine erweiterte Sichtweise entdecken, die den scheinbaren Gegensatz auflöst.

Der andere Löwe versinnbildlicht die Verwirrung. Wahrscheinlich wirst du anfangs einige der Begriffe in diesem Buch verwirrend finden. Dies ist ein natürlicher Vorgang, weil alles, was neu ist und außerhalb deiner gegenwärtigen Realität liegt, nicht sofort einen Sinn ergeben wird.

Es gibt zwei hauptsächliche Gründe für die Verwirrung. Der erste ist: Wenn etwas nicht zu dem passt, was bereits bekannt ist, wird der Geist verwirrt bei dem Versuch, einen Platz dafür zu finden, es passend zu machen, einen Sinn darin zu erkennen. Der zweite Grund ist, um die Dominanz der dargebotenen Information zu vermeiden. Mit anderen Worten, die Leute werden verwirrt, wenn eine Information einem inneren Programm zuwiderläuft, an dem sie im Augenblick festhalten. Zum Beispiel kann die Anregung, dass du deine Vergangenheit loslassen kannst und sie nicht mehr darüber bestimmen muss, wie du dein Leben heute, im gegenwärtigen Augenblick, lebst, sich äußerst verwirrend anfühlen für jemanden, der unbedingt beweisen will, dass seine Eltern mit ihren Erziehungsmethoden irreparablen Schaden angerichtet haben. Wenn du dich festgelegt hast, einen Standpunkt zu beweisen, wie beispielsweise: „Meine Eltern haben mich verkorkst", dann ist Verwirrung ein wirksamer Trick, um diesen Standpunkt nicht aufgeben zu müssen.

Im Zen gibt es den Begriff „Anfänger-Geist". Der Anfänger-Geist hat keine vorgefasste Meinung, etwas schon zu kennen oder bereits davon gehört zu haben. Für ihn gibt es nur die Möglichkeit von etwas Neuem, von etwas bisher Unbemerktem. Wenn du diese Zeilen liest und die Information als neu und frisch betrachten und tatsächlich hören könntest, was wir sagen, dann könnte sich dein ganzes Leben in einem Augenblick verwandeln.

ZUHÖREN ALS ZUGANG ZUM AUGENBLICK

Eine Möglichkeit, mit dem Augenblick eins zu werden, besteht darin, wirklich das zu hören, was andere sagen. Wenn du jedem einzelnen Gespräch auf neue Art zuhörst, kann der Akt des Zuhörens dein Leben augenblicklich und unmittelbar verwandeln. Das geschieht dadurch, dass es dich in den Augenblick hineinversetzt. Und der Augenblick ist magisch. Transformation geschieht dann, wenn man in den gegenwärtigen Augenblick des Jetzt gelangt. Hier ist ein Beispiel dafür:

Ein Mann namens Cecil ging an einem Montagabend die Second Avenue in Manhattan entlang und bemerkte unser Plakat mit der Ankündigung eines Abendseminars in Unmittelbarer Transformation. Neugierig geworden, kam er hinein und schloss sich uns an. Cecil, ein eher zurückhaltender Mensch, saß schweigsam im hinteren Teil des Raumes. Im Laufe des Abends standen verschiedene Leute auf und sprachen über Ereignisse in ihrem Leben. Einer von ihnen war ein Mann Anfang sechzig, Glenn, der eine Frage über das Zweite Prinzip der Unmittelbaren Transformation stellte. Wir werden die Drei Prinzipien der Unmittelbaren Transformation ausführlich in den folgenden Kapiteln vorstellen und wollen hier nur kurz erwähnen, dass wir darüber diskutierten, dass man physisch nur dort sein kann, wo man in jedem beliebigen Augenblick ist.

Während dieses Gesprächs redeten wir darüber, wie zwei Dinge nicht denselben Raum zur selben Zeit einnehmen können. Mit anderen Worten, zwei Personen könnten nicht in genau demselben Augenblick in genau demselben Sessel sitzen. Faktisch kannst du, von Augenblick zu Augenblick, nur sein, wo du bist und wie du bist. Das schließt deine Körperwahrnehmungen, Emotionen,

Gedanken, Gefühle und Lebensumstände ein. (Auch dies ist wiederum das Zweite Prinzip der Unmittelbaren Transformation.) Während die Diskussion weiterging, sprachen wir mit Glenn darüber, wie er in diesem Augenblick nur dastehen und dieses Gespräch mit uns führen konnte. Er hätte den Gedanken haben können, zum Beispiel in Hawaii zu sein, aber in Wirklichkeit befand er sich in New York. Cecil hörte die Diskussion und hatte eine direkte Erfahrung der darin enthaltenen Wahrheit.

Eine Woche später kam Cecil wieder, und Folgendes hatte er zu sagen: „Hallo, Ariel und Shya. Hallo, ihr alle, ich heiße Cecil. Vor einer Woche habe ich nichts gesagt, aber ich habe zugehört, und es ist etwas Merkwürdiges passiert. Ich fühle mich so frei – frei auf eine Weise, wie ich mich vorher noch nie gefühlt habe. Lasst es mich erklären. Ich komme aus Südafrika, und vor zwei Jahren wurde meine Mutter krank und starb, und ich konnte nicht bei ihr sein. Ich habe so ungeheuer große Gefühle von Schuld, von Schwere und Schmerz gehabt. Jeden Tag war ich so hart mit mir selbst, weil ich nicht dort war, um ihr beim Sterben die Hand zu halten. Ich hatte mich zwei Jahre lang dafür gescholten. Plötzlich hörte ich etwas, das ihr zu Glenn sagtet. Ich erkannte einfach, dass ich nicht hätte dort sein können, als meine Mutter starb, und zwar aus keinem anderen Grund als der Tatsache, dass ich nicht da war. Es war weder gut noch schlecht, es war einfach die Wahrheit. Ich weiß nicht, warum oder wie das passiert ist, aber die schwere Last hob sich ganz von selbst. Ich werde nicht mehr von Schuldgefühlen gequält. Es passierte in einem Augenblick. Ich verstehe es nicht, aber vermutlich muss ich das auch nicht. Ich bin sehr, sehr dankbar."

Wenn du wirklich zuhörst, was jemand sagt, nicht indem du das, was er sagt, mit dem vergleichst, was du schon weißt, oder indem du mit dem, was gesagt wird, übereinstimmst oder nicht übereinstimmst, sondern wenn du zuhörst, um es von dem anderen Standpunkt aus zu hören, dann reicht dieser Akt des Zuhörens aus, um dich in den Augenblick hineinzuversetzen. Du hast jedoch einen unglaublich flinken Geist. Du kannst in deinen Gedanken vorauseilen und den Satz einer anderen Person beenden, ehe sie selbst auf das Wesentliche kommt. Oder du kannst Anstoß an einem Wort nehmen, das sie verwendet, und überhaupt nicht mehr zuhören. Wenn du einmal darauf achtest, wirst du feststellen, dass du oftmals einen inneren Kommentar darüber abgibst, was gesagt wird, anstatt einfach nur zuzuhören. Wenn du dich selbst darin schulen kannst, das, was gesagt wird, vom Standpunkt des Sprechenden aus zu hören, führt dich dies aus der Zeit heraus und in den gegenwärtigen Augenblick. Das ist ein magischer Raum, in dem, ist er einmal betreten, Unmittelbare Transformation das Nebenprodukt ist.

> Echtes Zuhören bedeutet, dem anderen aktiv zuzuhören in der Absicht, das, was gesagt wird, vom Standpunkt des anderen aus zu hören.

Der Akt des Zuhörens versetzt dich in den Augenblick, und hier geschieht Transformation. Sie ist nicht etwas, das in der Zukunft passiert; sie geschieht nur im gegenwärtigen Augenblick des Jetzt. Völlig mit einer Aktivität beschäftigt zu sein versetzt dich in den Augenblick, was die Voraussetzungen für Verwandlung schafft. Im Falle dieses Buches empfehlen wir dir, es zu lesen, ohne etwas hinzuzufügen, wie beispielsweise es während des Lesens auf dein Leben anzuwenden, dem, was gesagt wird, zuzustimmen oder nicht damit übereinzustimmen, oder es fortwährend dir selbst gegenüber zu kommentieren. Der Akt des Lesens wird dann dem echten Zuhören ähnlich sein und eins mit dem Augenblick werden, wodurch die Möglichkeit zu Unmittelbarer Transformation entsteht.

VERGLEICHEN

Wenn der Geist sich mit etwas Neuem oder Unvertrautem auseinandersetzt, findet er etwas ihm schon Bekanntes, das er als annehmbare Entsprechung wahrnimmt, und ordnet beides dann in dieselbe Gruppe ein. Im Wesentlichen vergleicht der Geist, was im gegenwärtigen Augenblick neu ist, mit seinem Speichergedächtnis von anderen Augenblicken, was ihm dabei hilft, etwas zu verstehen und in einen Kontext zu stellen. Das ist fast immer nicht vollständig zutreffend. Vergleichen begrenzt die Möglichkeit, im Augenblick zu leben. Bestenfalls eliminiert es die Nuancen des Lebens – und gerade in diesen Nuancen zeigt sich der Reichtum des Lebens. Schlimmstenfalls sind unsere Deutungen völlig falsch.

Als eine Freundin von uns noch ein kleines Mädchen war, hörte sie das Lied: „My bonnie lies over the ocean". Den Ausdruck „Bonnie" kannte sie nicht, er gehörte nicht zu ihrem Wortschatz. Deshalb deutete sie das, was sie gehört hatte, um in: „My *body* lies over the ocean. My *body* lies over the sea ..." Wenn sie die Worte hörte, die sie für einen Teil des Liedes hielt, kamen ihr immer Bilder von jemand in den Sinn, der auf dem Rücken im ruhigen blauen Ozean dahintrieb. Heute, als Erwachsene, erkennt sie nun, dass sie den Text falsch verstanden hat. Was ähnlich oder gleich erschien, war keineswegs das Gleiche. So arbeitet unser Geist immer noch – ob wir alt oder jung sind.

Hier ist ein weiteres Beispiel dafür, wie er funktioniert. Vor mehreren Jahren waren wir in Quepos, Costa Rica, wo Marcella uns von ihrem neuen Geschäft erzählte. Sie arbeitet in einer Angelsportfirma (bei der man Boote chartern kann), wo wir seit Jahren Kunden waren. Marcella ist eine schöne Frau mit gewelltem Haar und einem fröhlichen Wesen. Hin und wieder kamen wir gern in ihr Büro, saßen dort in der kühlen Luft der Klimaanlage und hörten Geschichten darüber, was die Flotte der Angelsportboote in den letzten Tagen gefangen und freigegeben hatte.

An einem dieser Tage sagte sie zu uns: „Ihr müsst mich an einem Abend in meinem neuen Geschäft besuchen kommen. Mein Freund und ich haben eine neue *Topless*-Bar* aufgemacht. Sie liegt den Berg hoch in Manuel Antonio."

Sie sah so stolz aus. Wir waren überrascht.

„Wissen deine Arbeitgeber hier, dass du eine *Topless*-Bar betreibst?"

„Oh ja, natürlich!", rief sie aus. „Maria und Patricio sind zwei unserer besten Kunden."

Wir blickten einander an. Wie konnte das möglich sein? Wir wussten, dass die Besitzer der Fischerei Italiener waren, und vielleicht waren sie ja liberaler, als wir glaubten. Bei ihr hörte sich eine *Topless*-Bar ganz normal an, so als würde man zu McDonald's oder Applebee's gehen.

Bemüht, unsere Augen nicht auf ihre Brust zu richten, während wir uns die Szene vorstellten, fragte einer von uns taktvoll: „Arbeitest du auch in der Bar?"

Anm. d. Übs.: *Topless*-Bar bedeutet ins Deutsche übersetzt wörtlich „Oben-ohne-Bar". Da damit aber die Pointe verlorengeht, wie der weitere Verlauf der Geschichte zeigen wird, bleibt dieser Begriff hier unübersetzt.

„Oh ja, natürlich. Hauptsächlich an Wochenenden, aber oft auch an Abenden während der Woche. Das Geschäft läuft immer besser. Ihr könnt unser Restaurant auf der rechten Seite sehen, direkt nachdem ihr am Restaurant ‚Barba Roja' vorbeigefahren seid. Achtet darauf und kommt herein. Ich spendiere euch einen Drink. Wir haben alle möglichen, für Costa Rica typischen Fingerfoods. Es wird euch gefallen. Ihr könnt auch eure Gruppen mitbringen."

Die Vorstellung fiel uns schwer, die Teilnehmer an einem unserer Selbstentdeckungs-Abenteuer in eine *Topless*-Bar mitzunehmen, aber wir versuchten unser Möglichstes, freundlich zu bleiben.

An jenem Tag verließen wir das Büro der Fischerei erstaunt darüber, dass es in der Nähe des kleinen Fischerdorfes eine *Topless*-Bar gab. Wir waren seit Jahren dorthin gekommen, und obwohl es viele Orte gab, wo man etwas trinken konnte, Sportbars und Esslokale, hatten wir niemals von etwas Derartigem gehört oder es gesehen.

Als wir mit dem Taxi den Berg hoch zu unserem Hotel fuhren, suchten wir den Straßenrand genau nach irgendeinem Hinweisschild von Marcellas neuer *Topless*-Bar ab, doch wir konnten rein gar nichts entdecken. Mehrere Fahrten auf dieser Straße nach oben und unten enthüllten den Standort nicht, obwohl sie behauptet hatte, dass er leicht zu finden sei.

In der folgenden Woche gingen wir in das Büro der Fischerei, um die letzten Neuigkeiten zu hören, und saßen Marcella wieder gegenüber. Das Gespräch nahm eine unerwartete Wendung.

„In der letzten Woche habe ich in meinem Restaurant nach euch Ausschau gehalten", sagte sie.

„Ja, auch wir haben nach dem Schild Ausschau gehalten, haben es aber nicht gesehen."

„Ich habe gehofft, ihr würdet hereinkommen, um ein paar *Tapas* zu essen."

„*Tapas?* Was sind *Tapas?*"

Marcella sah verwirrt aus. „*Tapas*", sagte sie, „wisst ihr, *Tapas*-Bar oder Fingerfood-Bar. Speisen, die ihr mit euren Fingern esst. Das servieren wir. *Tapas* ist das costa-ricanische Wort für Fingerfood. Deshalb nennen wir es auch eine *Tapas*-Bar."

Wir brachen in Gelächter aus und erklärten den Scherz. Sie hatte *Tapas* gesagt, was wir als *Topless* verstanden hatten, weil wir dieses Wort vorher noch nicht gehört hatten. Unsere geistigen Computer hatten einfach das eingesetzt, was sie als annehmbare Entsprechung kannten. Als wir sie nach ihrer *Topless*-Bar gefragt hatten, lag dieses Wort so außerhalb ihrer Realität, dass sie das einsetzte, was sie zu hören erwartete: nämlich *Tapas.*

Als wir an jenem Tag weggingen, hielten wir es für einen guten Scherz und ein ausgezeichnetes Beispiel dafür, wie wir nur das kennen, was wir wissen, und wie alles, was außerhalb unserer Realität liegt, nicht einmal existiert. Es zeigte uns auch, wie drei Menschen, die ehrlich bemüht waren, miteinander zu kommunizieren, so ganz und gar missverstehen konnten, was gesagt wurde.

2

WO BIST DU?

Nehmen wir einmal an, du weißt nicht, wo du dich in New York befindest, und du möchtest zur 72. Straße und zum Broadway kommen. Du kannst auf einen Stadtplan schauen und herausfinden, wo der Broadway und die 72. Straße sich kreuzen, aber das allein wird dir nichts nützen. Als Erstes musst du wissen, wo du bist. Wenn du nicht weißt, wo du dich in diesem Augenblick befindest, wirst du niemals dahin kommen, wo du sein möchtest.

Dein Ausgangspunkt ist also die Entdeckung, wo du bist. Und wenn du dann weißt, wo du dich in diesem Augenblick befindest, kann eine Wandlung eintreten. Dies verlangt ein gewisses Maß an Hingabe an dein Leben, wie es sich gerade zeigt.

Wenn du im Wasser bist und dich entspannst, dann trägt es dich. Wenn du dagegen ankämpfst und dich anspannst, dann gehst du unter und ertrinkst. Genauso ist es mit dem Leben.

Wenn du dir dessen bewusst bist, was in jedem einzelnen Augenblick in deinem Leben geschieht, dann trägt und unterstützt dich das Leben voll und ganz. Wenn du dich aber um mögliche Ereignisse in der Zukunft sorgst, dann bist du nicht präsent. Das ist so, als würdest du einatmen, wenn du unter Wasser bist. Du

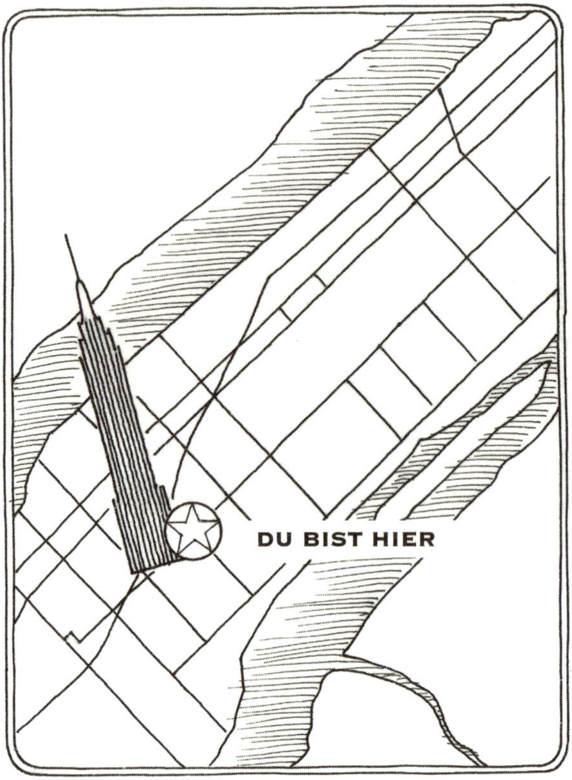

gehst unter und ertrinkst. Deshalb fühlen sich viele Menschen von ihrem Leben überwältigt. Sie versuchen, die Aufgabe zu erfüllen, ihr Leben richtig zu leben, anstatt darauf zu achten, mit wem sie zusammen sind, was sie tun, wo sie in diesem Augenblick in ihrem Leben stehen.

Dein Leben wahrzunehmen oder neutral zu beobachten, ohne zu versuchen, das, was du siehst, zu beeinflussen oder zu verändern, ist tatsächlich die Essenz oder der Schlüsselbegriff der Unmittelbaren Transformation. Ein anderes Wort für dieses nicht beurteilende, unvoreingenommene Sehen ist *Bewusstheit.*

BEWUSSTHEIT

Du brauchst nicht an dir selbst zu arbeiten. Um erfüllt zu sein, dich zutiefst zufrieden zu fühlen und dein Leben in vollem Maße zu leben, ist es entscheidend, dass du lernst, einfach nur auf die Dinge zu achten, ihrer bewusst zu sein.

Aufzuwachen oder eine Transformation zu erfahren erfordert, Bewusstheit in alles hineinzubringen, was im Augenblick gerade in deinem Leben vor sich geht. Das bedeutet aber nicht, dass du irgendetwas mit dem tun musst, dessen du dir bewusst geworden bist. Du brauchst überhaupt nichts damit machen, es gibt nichts zu verbessern oder zu verändern. Du musst einfach nur bewusst sein.

So einfach das ist, diese Vorstellung ist für viele Menschen schwer zu verstehen, denn gewöhnlich, wenn sie bei sich etwas wahrnehmen, das sie als negativ empfinden, bewerten sie dies, lehnen es ab und versuchen es zu verändern. Das aber ist nicht mit Bewusstheit gemeint. Bewusstheit ist neutral.

> Bewusstheit ist ein nicht bewertendes, unvoreingenommenes Sehen. Es handelt sich um ein objektives, nicht kritisches Sehen oder Zeuge des Wesens oder „Soseins" jeder Gegebenheit, jeder Situation sein. Es ist ein fortlaufender Prozess, in dem du dich in den Augenblick zurückbringst, anstatt stumm über das zu jammern, was du als falsch empfindest oder was du vorziehen würdest.

Wenn dir eine mechanische Verhaltensweise bewusst wird, wie beispielsweise an den Nägeln zu kauen, und du dies nur feststellst, wird der automatische Vorgang tatsächlich schwächer: Dann bleibt es dir überlassen, angemessen zu handeln und dich zu entscheiden, ob du diese Verhaltensweise fortsetzen willst oder nicht.

Auf den folgenden Seiten wirst du viele Beispiele dafür finden, wie einfach Bewusstheit selbst tiefgehenden Schmerz – emotionalen wie physischen – auflöst.

DAS PHÄNOMEN DER UNMITTELBAREN TRANSFORMATION

Transformation vollzieht sich eigentlich nicht durch Worte. Transformation ist eine Erfahrung, kein begriffliches Konzept – doch der Geist kann nur begriffliche Konzepte aufnehmen. Zum Beispiel macht es einen großen Unterschied aus, ob du tatsächlich an einem warmen, sonnigen Strand liegst oder nur daran denkst, an einem warmen, sonnigen Strand zu liegen.

Außerdem entwickeln sich Erfahrungen von selbst zu abstrakten begrifflichen Konzepten. Nehmen wir zum Beispiel an, du bekommst eines Abends Zahnschmerzen. Sie sind sehr heftig und schmerzhaft, dein Kiefer ist geschwollen. Es tut so weh, dass du nicht schlafen kannst, und du kannst kaum den Morgen erwarten, wenn der Zahnarzt erreichbar sein wird. Am nächsten Morgen, wenn der Zahnarzt einen Termin für dich einschieben kann, erschüttert selbst die Schwingung des Gehens deinen überempfindlichen Zahn. In dem Augenblick, wo du diese Erfahrung machst, ist sie sehr intensiv; Worte können die Tiefe des Fühlens nicht beschreiben. Wenn du jedoch eine Woche später versuchst, es einem Freund zu beschreiben, hat die Beschreibung keine Ähnlichkeit mit den tatsächlichen physischen Sinnesempfindungen, die du durchgemacht hast. Die Erfahrung des Schmerzes hat sich nun zu einem abstrakten begrifflichen Konzept entwickelt, und dein Gespräch über die Erfahrung bleibt weit hinter der wirklichen Sache zurück.

Damit wir etwas anderes als nur eine zeitweilige Wandlung aufrechterhalten können, müssen wir unsere gewohnheitsmäßigen

Denkweisen loslassen. Andernfalls holt der Verstand jede Transformation ein, kompensiert sie, und du stehst wieder am Anfang. Deshalb haben einige Menschen Gipfelerfahrungen gemacht, aber mehr ist es auch nicht – ein Gipfel, der nicht von Dauer ist. Für ein Weilchen stellen sie nicht mehr ihre gewohnt mechanische Beziehung zur Welt her; doch dann gewinnt der Verstand wieder seine Kontrolle, und sie kehren geradewegs zu ihren alten Verhaltenssystemen zurück. Alles ist wieder so, wie es immer war.

Einmal kam ein Mann zu einem Seminar über Unmittelbare Transformation, das wir veranstalteten. Von seinem Blickwinkel aus hatte der Abend eine magische Qualität. Er machte sich plötzlich weniger Sorgen. In der folgenden Woche erledigte er die Dinge bei seiner Arbeit mit wenig oder gar keiner Mühe. Zum ersten Mal seit Jahren schlief er wieder gut. Er fühlte sich in Übereinstimmung mit seinem ganzen Leben.

Ein Jahr später besuchte er ein weiteres Abendseminar und war sehr verärgert über uns. „Eigentlich sollte es doch unmittelbar sein", sagte er, „aber es hat nur ein paar Wochen angehalten."

Dieser Mann suchte nach einer Wunderpille. Er wollte sie einmal herunterschlucken und dann keine Aufmerksamkeit mehr darauf verwenden müssen, wie er den Rest seines Lebens verbrachte. Die Wandlung war überhaupt nur deshalb bei ihm hervorgerufen worden, weil unser Seminar ein Umfeld schuf, wo er sich selbst betrachten konnte, ohne an dem, was er sah, etwas auszusetzen. Das Seminar wirkte wie ein neutrales Licht und erhellte einfach das, was sein Leben ausmachte, so dass er es ohne Beurteilung sehen konnte.

Die Bewusstheit, die in dieser Gruppe entstanden war, hatte eine unmittelbare Wandlung zur Folge. Doch Bewusstheit ist kein einmaliger Vorgang. Bewusstheit in unsere Beziehung zu uns selbst und zu unserer Umwelt zu bringen ist eine Lebensweise. Wenn du möchtest, dass solche transformativen Wandlungen von Dauer sind, dann musst du etwas dafür tun, um sie zu fördern. Du würdest ja auch nicht ins Fitness-Studio gehen und sagen: „Oh, was für ein tolles Training! Nun, das sollte für die nächsten fünf oder zehn Jahre als Fitnesstraining genügen. In zehn Jahren komme ich wieder." Die Fähigkeit, von Augenblick zu Augenblick zu leben, ist wie ein ungenutztes Talent oder ein zu wenig beanspruchter Muskel. Durch Übung wird er stark, und du kannst Widerstandskraft und Ausdauer bekommen.

Das klingt paradox. Einerseits bringt es nichts, an dir selbst zu arbeiten. Andererseits musst du dich auf dein Leben einlassen und dir darüber bewusst sein, wie du lebst, damit die Transformation zu einer dauerhaften und umfassenden Erfahrung werden kann.

VERÄNDERUNG KONTRA TRANSFORMATION

Früher galt *Transformation* als unverständliches Wort, doch in den letzten Jahren hat dieser Begriff den Sprung in den allgemeinen Sprachgebrauch geschafft. Das hat dazu geführt, dass die Leute meinen, Veränderung und Transformation seien ungefähr dasselbe, doch dem ist nicht so.

Wir als Autoren wollen dich nicht dazu bringen, deine Sprache so zu manipulieren, dass du nach der Lektüre dieses Buches die richtigen Worte verwendest. Wir halten es vielmehr für wichtig, dass du weißt, wovon wir sprechen, wenn wir den Begriff „Transformation" oder auch „Verwandlung" im Gegensatz zu „Veränderung" verwenden. Der nächste Abschnitt widmet sich einer genauen Beschreibung der Unterschiede zwischen beiden, so dass es dir möglich sein wird, den Zustand der Transformation zu erkennen und zu fördern.

Transformation kann nur augenblicklich und unmittelbar erfolgen. Alles, was im Laufe eines Zeitraums geschieht, ist Veränderung. Veränderung ist eine zunehmende lineare Fortbewegung. Sie geschieht über einen Zeitraum hinweg. Sie hat eine Richtung. Sie ist messbar. Sie lässt sich nachweisen. Sie ist logisch. Sie vollzieht sich in aufeinanderfolgenden Schritten. Veränderung folgt den Gesetzen von Ursache und Wirkung.

Transformation ist dagegen exponentiell, sie erfolgt nicht in Schritten. Sie ereignet sich überall sofort, mit einem Male. Sie ist nicht linear. Sie geschieht außerhalb der Zeit. Sie ist unmittelbar. Es handelt sich um eine sofortige exponentielle Umwandlung, wie ein Zustandswechsel, der gleichzeitig die Vergangenheit und die Zukunft mit einschließt. Es ist wie beim Übergang eines Wassermoleküls vom flüssigen in den festen Zustand, der sich in dem Augenblick vollzieht, wenn es 0° Celsius ist.

Veränderung ist an der Vergangenheit/Zukunft orientiert, während Transformation im Jetzt ist. Transformation ist nur im Jetzt und kann nur jetzt, im gegenwärtigen Augenblick, geschehen. Du kannst nicht an dir selbst arbeiten, um dich zu transformieren. Veränderung schließt ein, etwas zu *tun,* während Transformation eine Art und Weise zu *sein* ist.

Zum Beispiel kennen wir eine Frau, die wieder anfing, sich zu verabreden, nachdem sie sich jahrelang einsam gefühlt hatte. Sie dachte, sie müsse etwas *tun,* um sich attraktiv zu machen, anstatt nur sie selbst zu *sein,* denn sie war schon attraktiv. Die zusätzliche Anstrengung, die sie unternahm, wenn sie mit an ihr interessierten Männern sprach, hatte die Wirkung, ihre Anziehungskraft zu mindern und die Männer abzustoßen. Wenn du du selbst bist und im Augenblick bist, so ist dies kein Verhalten, das sich aus deinen Gedanken herleitet. Mit anderen Worten, du denkst nicht, wie du sein sollst, und tust das dann; es ist ein natürlicher Selbstausdruck.

Um es noch einmal zu wiederholen: Transformation ist ein Nebenprodukt davon, im Augenblick zu sein, was durch Bewusstheit geschieht: ein objektives, nichts bevorzugendes Sehen oder Zeuge der Art und Weise sein, welche Beziehung du zu deinen Lebensumständen, deinen Gefühlen, deinen Emotionen und deinen Denkprozessen herstellst. Wenn du dich für das, was du entdeckst, nicht ins Recht oder Unrecht setzt, werden solche Verhaltensformen oder Seinsweisen sich verwandeln und ihre Macht über dein Leben verlieren. Wenn diese mechanischen Verhaltensweisen dich nicht mehr beherrschen, wirst du entdecken, wer du wirklich bist – ein Wesen, das zufällig deinen Körper bewohnt, zusammen mit deinem Verstand, der dein Leben beherrscht. Wenn du einfach nur bist, verliert der Verstand seine Kontrolle über dich. Er wird dann zu einem wertvollen Werkzeug anstelle eines Mechanismus, der dich ständig alte, einschränkende, unbefriedigende Verhaltensmuster wiederholen lässt.

> Wenn du hierhin gelangst – zu diesem Augenblick des Jetzt –, wird jeder Tag außergewöhnlich tiefgründig und ganz gewöhnlich zur gleichen Zeit.

Zu erkennen, wer man ist, ist weitaus einfacher, als die meisten sich vorstellen. Die meisten von uns haben gelernt, dass wir hart mit uns selbst sein müssen, um uns zu verändern. Wir beide haben herausgefunden, dass die Arbeit an dir selbst nicht funktioniert. Wir haben die Mühelosigkeit der Transformation entdeckt, die zufällig und sofort geschieht, wenn du plötzlich herausfindest, wie du im Augenblick leben kannst.

Im Augenblick zu sein erlaubt dir, die Probleme, die während deines Tages auftauchen, die körperlichen Wahrnehmungen, die Emotionen usw. einzubeziehen. Beispielsweise gibt es Tage, an denen du dich nicht wohl fühlst; wenn du aber dein Leben von Augenblick zu Augenblick lebst, dann kannst du unangenehme Gefühle und Wahrnehmungen einbeziehen und trotzdem ein Wohlgefühl dabei empfinden.

Viele Menschen haben die irrige Ansicht, dass man, wenn man eine Transformation erlebt, nie krank wird, nie müde ist am Ende eines Tages und nie irgendwelche menschlichen Schwächen zeigt. Sie sind auch der Meinung, dass man dann niemals ärgerlich werden oder aufgebracht sein sollte. Das ist nicht der Fall. Wenn du wirklich entdeckst, wie du in das Hier und Jetzt gelangst, kannst du alles integrieren, was in deinem Leben geschieht, so dass du einen Zustand des Wohlbefindens erfährst, aus dem heraus du lebst.

Um es noch einmal zu wiederholen: Transformation oder Verwandlung wird durch Bewusstheit möglich.

> Bewusstheit ist ein nicht beurteilendes Zeuge sein, Betrachten oder Sehen von dir und wie du mit deinem Leben umgehst.

Die Methode der Unmittelbaren Transformation beruht auf Bewusstheit. Während Veränderung ihrem Wesen nach psychologisch ist und sich an Problemen und ihrer Lösung orientiert, ist Transformation anthropologisch. Anthropologen haben die Aufgabe, einfach nur zu benennen, was sie in einer Kultur oder einem Volksstamm sehen, ohne dies zu beurteilen oder zu deuten. So könnten sie beispielsweise sagen: „Heute Morgen um sechs Uhr hat der Stamm geröstete Larven gegessen." Ein guter

Anthropologe würde niemals sagen: „Als Erstes haben diese Leute heute diese ekelhaften Larven verzehrt."

Wir möchten damit nahelegen, dass die Dinge ein „Sosein" haben, welches nicht kulturell bedingt ist. Durch Bewusstheit kannst du feststellen, was ist – und nicht, was du für schön oder hässlich, für anziehend oder abstoßend hältst. Einfach das, was ist.

Um unerwünschte Verhaltensweisen aufzulösen, musst du so mit deinem eigenen Leben umgehen, als wärest du ein Anthropologe, der eine Kultur studiert: dich. Ein Anthropologe hält sich mit einer Beurteilung zurück, betrachtet die Kultur nicht als richtig oder falsch, gut oder schlecht, sondern beobachtet einfach, wie sie vorgeht und funktioniert.

In unserem eigenen Leben beobachten die meisten von uns nicht einfach, wie wir funktionieren. Vielmehr urteilen wir über uns, vergleichen das, wie wir sind, damit, wie wir unserer Meinung nach sein sollten, was auf kulturellen Standardnormen (oder der Ablehnung von diesen) beruht.

Wir alle haben den Hang, das zu verbessern, was wir als unsere Schwächen und Fehler wahrnehmen, anstatt uns selbst neutral zu beobachten. Bei Transformation geht es nicht darum, an dir herumzuflicken, um ein besseres Du zu werden. Es geht darum, so zu sein, wie du bist.

Wenn du einfach siehst, wie du bist, ohne das, was du siehst, zu beurteilen, zu beeinflussen oder verbessern zu wollen, wird es dadurch leichter, unerwünschte Verhaltensweisen zu vollenden. Mit anderen Worten, wenn du deinen Gewohnheiten keine Energie zuführst, werden sie von selbst abnehmen und sich ganz von allein auflösen. Wie das? Etwas neutral zu beobachten fügt ihm keine Energie hinzu – weder dafür noch dagegen – und alles in diesem Universum benötigt Energie zum Überleben.

Veränderung	**Transformation**
geschieht im Laufe der Zeit	ist unmittelbar
Vergangenheit/Zukunft	gegenwärtiger Augenblick
linear/zunehmend	exponentiell/Quantensprung
psychologisch	anthropologisch
Ursache/Wirkung	Beobachtung/Bewusstheit
beurteilend	nicht beurteilend
gegensätzlich angeordnet	auf dem beruhend, was ist/„Sosein“
gut/böse	
richtig/falsch	
positiv/negativ	
gewinnen/verlieren	
auf Verstand/Überleben beruhend	auf Lebendigsein beruhend
vernünftig/logisch	nicht logisch/intuitiv
linkes Gehirn	rechtes Gehirn
am Ziel/Tun orientiert	am Sein orientiert
Problem/Lösung	„Sosein“
Entscheidungen	Wahlmöglichkeiten
manipulativ	kreativ
reaktiv	initiativ
ausschließend	einschließend
hierarchisches Denken	Partnerschaft/Teamgeist

3

DIE PRINZIPIEN DER UNMITTELBAREN TRANSFORMATION

Wenn du diesen Abschnitt liest, wirst du vermutlich auf ein paar radikal neue Ideen stoßen. Das folgende Phänomen tritt auf, wenn man damit konfrontiert wird, irgendeine neue Fertigkeit zu erlernen: Auf Momente der Klarheit und des Verstehens folgt ein vollständiger Verlust an Klarheit. Man könnte dies als kapieren und dann wieder verlieren bezeichnen. Das ist normal, wenn man sich mit etwas Neuem auseinandersetzt. Wir legen dir nahe, dass du dich entspannst, wenn du über die Drei Prinzipien der Unmittelbaren Transformation liest, und dich nicht unter Druck setzt, sie völlig zu verstehen, wenn du zu Anfang einige der Ideen verwirrend findest. Es ist nicht notwendig, dass du alles verstehst oder dir merkst. Im weiteren Verlauf des Buches werden wir dir einige praktische Beispiele für die Drei Prinzipien geben, welche die Konzepte in den Brennpunkt rücken werden, damit du sie in deinem eigenen Leben anwenden kannst. Wenn du möchtest, kannst du diesen Abschnitt dann noch einmal lesen. Wahrscheinlich wird dann alles ganz von selbst seinen Platz gefunden haben.

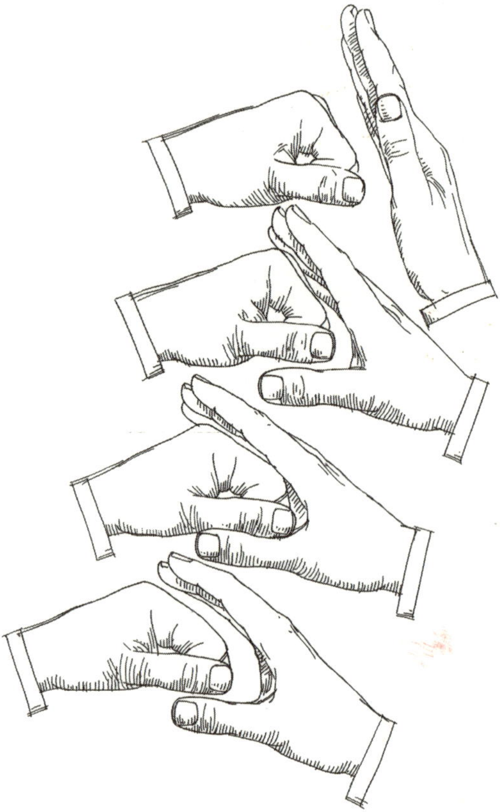

Nachfolgend die Drei Prinzipien der Unmittelbaren Transformation:

Das Erste Prinzip lautet: **Alles, wogegen du dich wehrst, bleibt bestehen – und wird stärker.**

Die Wahrscheinlichkeit ist groß, dass diejenigen Dinge, die du ändern oder an dir selbst verbessern möchtest, bestehen bleiben– ungeachtet dessen, wie viele Male du beschlossen hast, sie zu ändern.

Du bleibst an allem hängen, was du zurückstößt und wogegen du ankämpfst. Wenn du dich gegen etwas wehrst, grenzt du dich bestenfalls eng gegenüber der Sache ab, der du Widerstand entgegensetzt; schlimmstenfalls wirst du genauso wie die Sache, gegen die du dich wehrst. Nachfolgend ein Beispiel: Nehmen wir an, die Faust in der Abbildung auf der vorigen Seite stellt deinen Vater dar, gegen den du dich wehrst, und die offene Hand steht für dich. Du stößt deinen Vater zurück, weil du dich gegen ihn wehrst, und schon bald hat deine offene Hand die Form der Hand deines Vaters angenommen und du wirst als Gegenstück zu ihm genauso wie er. „Rebellen" sind in Wahrheit nicht frei. Weil sie sich selbst in Opposition zu ihren Eltern oder ihrer Erziehung festlegen, werden sie tatsächlich von dem beherrscht, gegen was sie Widerstand leisten. Daher bleibt alles, wogegen du dich wehrst, bestehen und setzt sich fest.

Wenn du eine wissenschaftlichere Erklärung für dieses Prinzip haben möchtest, so lautet sie etwa so: Für jede Aktion gibt es eine gleichwertige Gegenreaktion.

Das Zweite Prinzip ist auch eine Grundregel der Physik: **Zwei Dinge können nicht denselben Raum zur selben Zeit einnehmen.**

Wenn beispielsweise jemand in einem Sessel sitzt, kann niemand anderer zu genau derselben Zeit an genau derselben Stelle in demselben Sessel sitzen. Wenn es um Emotionen geht, kannst du nicht glücklich sein, wenn du eigentlich traurig bist. Zwei Emotionen können nicht zu genau derselben Zeit genau denselben Raum ausfüllen.

Wenn du gerade sitzt, während du diese Seite liest, wirst du feststellen, dass du in diesem gegenwärtigen Augenblick des Jetzt nur sitzen kannst.

Uns allen ist beigebracht worden, dass wir unsere Lebenssituation verbessern können. Doch in ebendiesem Augenblick des Jetzt kannst du nur genauso sein, wie du bist. Eine Idee oder ein Ideal anzustreben ist gleichbedeutend damit zu sagen, die Art und Weise, wie du bist, sei unvollkommen oder fehlerhaft. Du magst vielleicht die Idee haben, dass du anders sein kannst, doch in Wirklichkeit, in diesem gegenwärtigen Augenblick, bist du so, wie du bist.

Würden wir ein Foto von dir machen, dann könntest du in dem Augenblick, wo das Bild gemacht wurde, nur so ausgesehen haben, wie die Kamera dich in diesem Augenblick eingefangen hat. Du kannst die Art und Weise, wie du warst, nicht verändern. Das Leben zeigt sich in einer Folge von Augenblicken des Jetzt, und in diesem Augenblick des Jetzt kannst du nur genauso sein, wie du bist.

Das Dritte Prinzip lautet wie folgt: **Alles, was du genauso sein lässt, wie es ist, wird sich selbst vollenden und verschwinden.**

Mit anderen Worten, wenn du die Dinge tatsächlich so sein lässt, wie sie sind, ohne zu versuchen, sie zu ändern oder zu verbessern, ohne sie als gut oder schlecht, richtig oder falsch zu bewerten, vollenden sie sich selbst und verschwinden.

Dies schließt psychischen Schmerz, körperlichen Schmerz, emotionalen Schmerz ebenso wie Gefühlsausbrüche sein. Wenn du dich selbst aufgebracht sein lässt, wenn du aufgebracht bist, anstatt zu versuchen, das Gefühl loszuwerden (Erstes Prinzip: Alles, wogegen du dich wehrst, bleibt bestehen), dann wird es sich ganz von selbst auflösen und verschwinden.

Hast du bemerkt, dass Glücklichsein vergänglich ist? Wehrst du dich, wenn das geschieht? Sagst du etwa: „Oh nein, ich bin wieder glücklich, und ich habe doch gehofft, dass mich dieses

Glücklichsein nicht mehr erwischen würde"? Glücklichsein gehört in der Regel nicht zu den Dingen, gegen die wir uns wehren. Daher vergeht es auch wirklich schnell. Wenn wir jedoch aufgebracht oder traurig sind, haben diese Zustände die Neigung, sich länger hinzuziehen, weil wir im Allgemeinen nicht aufgebracht sein möchten, wenn wir aufgebracht sind, oder traurig, wenn wir traurig sind. Wenn du nicht in Übereinstimmung damit bist, wie sich dein Leben in diesem Augenblick zeigt, so ist dies eine Form des Widerstands. Und denke daran, Widerstand führt dazu, dass eine unerwünschte Situation bestehen bleibt.

Betrachte dein Leben: Hat sich nicht alles, was du loszuwerden versucht hast, auf irgendeiner Ebene festgesetzt? Diejenigen Dinge, an denen du dich stößt, als du gesagt hast: „Ich muss etwas verändern, ich sollte wirklich nicht so sein", lösen sich nicht auf. Das ist das Erste Prinzip.

Um es noch einmal zu wiederholen, das Zweite Prinzip lautet: „Zwei Dinge können nicht denselben Raum zur selben Zeit einnehmen." Mit anderen Worten, wenn du es dir zugestehst, das zu fühlen, was du fühlst, wenn du es fühlst (das ist das Dritte Prinzip), wird es sich klären und wird verschwinden.

Bewusstheit, ein Erforschen ohne Beurteilung, kann dich von alten Mustern befreien – selbst von solchen Dingen, die seit Jahren bestanden haben, gegen die du dich gewehrt hast, die du loszuwerden versuchtest und weshalb du gute Vorsätze zum Neuen Jahr gefasst hast. Wenn du es dir zugestehst, einfach mit etwas eins zu sein, so verliert es seine Macht über dich. Wenn du dich jedoch gegen ein altes Verhaltensmuster wehrst, gibst du ihm Macht über dein Leben.

Damit legen wir dir eine Art des Seins nahe, zu der es gehört, dich ganz auf dein Leben einzulassen und dich nicht dagegen zu wehren, wie sich dein Leben in jedem einzelnen Augenblick zeigt. Dein Leben präsentiert sich so, wie es ist, und nicht anders. Noch einmal, du kannst nicht stehen, wenn du sitzt. Was du nun mit deinem Leben, so wie es sich zeigt, machst, bleibt dir überlassen.

Wir wollen nun auf das Erste Prinzip zurückkommen. Wenn du dich gegen bestimmte Umstände in deinem Leben wehrst, bleiben sie bestehen. Wenn du dagegen diese Umstände einfach zur Kenntnis nimmst, ohne das zu bewerten, was du siehst, und lediglich sagst: „Okay, so ist mein Leben nun einmal“, dann vollenden sich unerwünschte Verhaltensmuster selbst. Du kannst etwas jedoch nicht „akzeptieren“ als Mittel, um es loszuwerden, zu ändern oder zu verbessern. Das ist keineswegs mit Akzeptanz gemeint. In Wirklichkeit ist Akzeptanz mit dem inneren Vorsatz, die Situation zu verändern, nur ein Trick, um das zu bekommen, was man möchte, anstatt das zu erfahren oder eins mit dem zu sein, was man hat. Transformation gelingt nicht auf diese Weise. Doch wenn du dich tatsächlich und ehrlich für das entscheidest, was du hast, wenn du es hast, dann verschwindet es.

Wenn du dir selbst zugestehst, so zu sein, wie du bist, und zur Kenntnis nimmst, wie du bist, ohne dich selbst zu be- oder verurteilen, tritt das Phänomen der Vollendung ein. Mit anderen Worten, wenn du zur Kenntnis nimmst, wie du dich verhältst, ohne dass du versuchst, dich zu ändern oder zu verbessern, und ohne dass du be- oder verurteilst, was du entdeckst, dann werden jene Verhaltensweisen, die du zu ändern versucht hast, oder die Art des Seins, mit der du dich herumgeplagt hast, sich selbst vollenden – einfach nur mit Bewusstheit. Du kannst es aber nicht zur Kenntnis nehmen, um dich davon zu befreien, weil dich das wiederum mit dem Ersten Prinzip konfrontiert: Alles, wogegen du dich wehrst, bleibt bestehen und wird stärker.

Bewusstheit kannst du dir so vorstellen, als würdest du einen Eisblock nehmen und ihn in der Sonne stehen lassen. Die von einfacher Bewusstheit ausstrahlende Hitze reicht aus, um alte, gefrorene mechanische Verhaltensweisen zum Schmelzen zu bringen.

Damit kennst du nun die Prinzipien der Unmittelbaren Transformation in einer begrifflichen Form. Vielleicht würdest du gern ein praktisches Beispiel hören.

„OLD BLUE"

Im Jahre 1982, als wir beide unsere dritte Verabredung hatten, kam es zu einem dramatischen Zwischenfall. Dabei machten wir beide eine Erfahrung aus erster Hand, die uns die Prinzipien der Unmittelbaren Transformation in Aktion vorführte. Die folgende Geschichte ist aus Ariels Sicht erzählt.

Es war ein herrlicher Sonntagmorgen Ende August, die Stadt New York schien sich für die vor ihr liegende Woche auszuruhen. Es war die Art von Morgen, an dem man die Avenues auf der ganzen Länge hinauf und hinunter sehen konnte. Welch ein prächtiger Tag für eine Fahrt nach Jones Beach auf dem Rücksitz von Shyas blauem Motorrad, einer Yamaha 650 Special „Old Blue". Wir hatten unsere Handtücher und den Sonnenschutz hinter dem Sitz verstaut, und so vorbereitet verließen wir die Stadt.

Wir hatten den Eindruck zu fliegen. Wir waren beide mit Shorts und T-Shirts bekleidet, unsere Köpfe durch Helme mit Visieren geschützt, und die Morgensonne fühlte sich gut auf meiner Haut an. Welch ein köstlicher Tag im Leben! Selbst die Verkehrsampeln schienen auf unserer Seite zu sein.

Kurz nachdem wir durch die Unterführung nach Queens hineingebraust waren, nahmen wir eine Ausfahrt und fuhren zu einer geöffneten Tankstelle. Shya hielt bei der Zapfsäule an, stellte „Old Blue" auf den Kickständer und öffnete den Tank, um ihn aufzufüllen.

Ich beschloss, meine Beine etwas zu strecken, und begann von dem Motorrad abzusteigen, als ich einen heftigen, brennenden Schmerz spürte. Mit einem lauten Schrei sprang ich ab und schaute nach unten auf meine linke Wade. Ich sah eine offene Wundstelle, von der ein verbranntes Stück Haut herabhing. Ohne es zu merken, hatte ich mein Bein direkt gegen den heißen Auspuff gehalten.

Ich starrte auf meine Verletzung und fand langsam eine Erklärung für das Offensichtliche: „Ich glaube, ich habe mein Bein verbrannt."

Nur ein einziger Blick klärte Shya über die ganze Geschichte auf und ließ ihn handeln.

„Eis!"

Die Tankstelle hatte keines. Daher rannte Shya los, weil er versuchen wollte, etwas aufzutreiben. Aber nicht mal ein kleiner Laden oder ein Café hatte geöffnet. Wir drückten dem Tankstellenwärter eine Fünfdollarnote in die Hand und fuhren rasch los, um nach Jones Beach zu kommen, das der nächstgelegene Ort für die Suche nach Eis zu sein schien. Der Fahrtwind auf der Brandwunde war schlimm. Die Luft, die nur Augenblicke zuvor Freiheit zu bedeuten schien, brachte nun Feuer mit ihrer Berührung. Der anfängliche Schock über die Verletzung war verflogen. Nun weinte ich ungehemmt, während ich Shya fest um die Taille gepackt hielt und wir zum Strand rasten.

Zu dem Zeitpunkt, als wir auf dem Parkplatz anhielten, war ich außer mir vor Schmerz. Shya fuhr an den Bordstein heran, stieg ab und ergriff unsere Sachen. Dann reichte er mir die Hand, und ich humpelte zu einem Verkaufsstand in der Nähe, wo es sicher Eis und etwas Linderndes zum Kühlen gab.

Ich stand zitternd daneben, fast stumm vor Schmerz, während Shya zu der erstbesten Person hinter der Ladentheke lief.

„Schnell, ich brauche etwas Eis. Meine Freundin hat sich schwer verbrannt!"

Ich drehte mich um, um ihr mein Bein zu zeigen, das mittlerweile weiß und rot war, rotes Fleisch, völlig versengt und ekelerregend anzusehen. Manchmal, wenn ich jemanden mit einer besonders unangenehm aussehenden Schürfwunde sehe, habe ich eine Sinneswahrnehmung, die mich im Magen oder in der Leistengegend durchzuckt, da ich mir den Schmerz dabei vorstellen kann. Wäre ich eine zufällige Beobachterin gewesen, dann hätte der Anblick meines Beines sicher eine ähnliche Anwandlung hervorgerufen.

Mit einer schwungvollen Bewegung füllte der Geschäftsführer einen großen Becher mit Eis und sagte: „Tut mir leid mit Ihrem Bein. Kommen Sie nur ja wieder, wenn Sie mehr brauchen."

Ich hüllte die Eiswürfel in eine Papierserviette und presste das Kalte zögernd auf meine Wunde. Die Berührung des Papiers war qualvoll, und ich stellte fest, dass ich zitterte. Als das Eis zu schmelzen begann und an meinem Bein herabtröpfelte, fand ich endlich ein wenig betäubende Linderung.

Schließlich teilten Shya und ich uns einen Teller mit fettigen Pommes frites und Ketchup, und mir wurde klar, dass ich mich an diesem Tag nicht auf mein Handtuch legen und sonnen würde. Schon der Gedanke an Sand auf meiner Wade ließ mich zusammenzucken. Daher blieben wir am Tisch sitzen, beobachteten die Leute, nippten an einem Riesenbecher Cola und schauten auf das verlockende Meer in der Ferne, während wir darauf warteten, dass das Kältegefühl sich ausbreiten und die brennende Stelle an meiner linken Wade beruhigen würde.

Als der Schmerz endlich weitgehend unter Kontrolle war, beschlossen wir, den Schaden zu begrenzen und nach Hause zu fahren. Ich füllte meine Serviette wieder mit Eisstückchen für die Rückfahrt in die Stadt auf, und wir machten uns auf den Weg zum Parkplatz, wo „Old Blue", unser treues Stahlross, stoisch unsere Rückkehr erwartete.

Es gab nur ein Problem bei diesem Plan: Bis wir beim Motorrad angekommen waren, war der Schmerz in meinem Bein zehnfach stärker wieder aufgeflammt. Jeder Schritt war zu einer Qual geworden, da sich der Wadenmuskel dabei unter der Wunde beugte und zusammenzog. Es fühlte sich an, als würde die Haut austrocknen und aufspringen, und das Pochen, das durch die Eiskompressen weitgehend in Schach gehalten worden war, fing wieder kräftig an.

Ich setzte mich auf den Bordstein neben das Motorrad, drückte die Kompresse gegen mein Bein, legte den Kopf auf meine Knie und begann zu weinen. Ich konnte fühlen, dass meine Schultern unter meinen Schluchzern hin und her schwankten, doch ich konnte sie ebenso wenig unter Kontrolle halten, wie die klägliche Menge Eis, die ich noch in der Serviette übrig hatte, das heftige Pochen unter Kontrolle halten konnte. Schon der bloße Gedanke an Wind, der auf dem Heimweg über die offene Wunde streichen würde, reichte aus, um mein Schluchzen zu verstärken.

Shya setzte sich neben mich und nahm meine freie Hand in seine. Sanft drang seine Stimme an mein Ohr: „Ariel, lass uns nun den Schmerz zusammen ansehen."

„NEIN! Fass es nicht an!", schrie ich und beugte mich schützend über das Bein.

„Ariel“, fuhr er ruhig fort, „ich möchte es nicht anfassen. Lass uns nur den Schmerz untersuchen, okay?“

Zögernd hob ich den Kopf. Ich blickte in seine forschenden haselnussbraunen Augen und nickte langsam, während mir die Tränen das Gesicht herabströmten.

„Vertrau mir“, sagte er.

Als ich in seine Augen schaute, hatte ich keinen Zweifel daran, dass ich diesem Mann vertrauen konnte. Da war eine Ruhe in ihm – eine Festigkeit, die sich auf mich zu übertragen schien. Mein hysterisches Schluchzen legte sich etwas; mir lief die Nase und ich hatte Schluckauf. Doch immer noch liefen mir die Tränen lautlos über die Wangen, denn während ich mir wünschte, aus meiner Haut schlüpfen und sie abstreifen zu können, war der Schmerz in meinem Bein immer noch sehr real und quälend, und kein noch so großer Wunsch, es wäre anders, schien die Situation zu verändern.

„Bist du bereit?“, fragte er. Ich nickte, und so fingen wir an.

Ich wusste damals nicht, dass wir eine wundersame, geradezu magische Handlung ausführen würden. Ich wusste nur, dass wir den Schmerz ansehen würden – was auch immer das bedeutete.

„Okay, Ariel. Mach die Augen zu und sieh den Schmerz mit deinem geistigen Auge an. Wenn der Schmerz an deiner Wade eine Farbe hätte, welche Farbe wäre es dann?“

Das war leicht. „Feuerrot.“

„Gut. Wenn er nun Wasser fassen könnte, wie viel Wasser würde er dann fassen?“

Blitzschnell kam mir das Schwimmbecken meiner Universität, des *Mt. Hood Community College,* in den Sinn. Daher sagte ich Shya, der Schmerz würde so viel Wasser fassen wie „ein Schwimmbecken von olympischer Größe“.

„Okay“, sagte er. „Wie sieht es jetzt damit aus? Wenn er eine Form hätte, welche Form hätte er dann?“

„Flach, eine Art von Oval mit rauen und unebenen haarscharfen Kanten, die hervorstehen.“

„Gut, Ariel. Du machst deine Sache einfach ausgezeichnet. Sieh dir nun den Schmerz wieder an. Welche Zahl hat dein Schmerz jetzt auf einer Zehnerskala, wobei 10 für unerträglich steht und die Null kein Schmerz ist?“

„23!“

Ich wusste, dass die Zahl, die ich ihm nannte, außerhalb der Skala lag, aber ich kümmerte mich nicht darum. Mein Bein tat weh, und es tat verdammt stark weh.

„In Ordnung. Und wenn er genau in diesem Augenblick eine Farbe hätte, Ariel, welche Farbe wäre es dann?“

Als ich hinschaute, hatte sich die Farbe verändert. Sie war nun ein Orangerot mit aufflammenden Stellen in einer dunkleren Farbe, und das berichtete ich. Shya arbeitete mit dieser Methode weiter und leitete mich fortwährend dazu an, die Form, die Farbe, die Zahlenskala und die Wassermenge, welche die Stelle auf meinem Bein nun umfasste, immer wieder anzusehen – jetzt und jetzt und jetzt. Jeder Augenblick wurde zu einem separaten Juwel in der Kette der Zeit. Es gab nichts, was es zu vermeiden oder zu ignorieren galt, und auch nichts, was im Vergleich mit dem vorangegangenen Augenblick zu sehen war. Die Augenblicke wurden zu einzelnen Facetten, die zu untersuchen und zu beschreiben waren.

Etwas Erstaunliches geschah. Die Farbe veränderte sich über Gelb- zu Blau- und Grüntönen, schließlich wurde sie weiß. Die Wassermenge schrumpfte auf fünf Liter, dann auf einen Liter, auf eine Tasse zusammen und konnte am Ende nur noch mit Teelöffeln und dann tropfenweise gemessen werden. Selbst die Form schrumpfte auf die Größe eines Stecknadelkopfes zusammen, und auch die Zahlen, die ich der Schmerzintensität zuordnete, gingen auf 2 und dann auf 1 zurück.

> Jeder Augenblick wurde zu einem separaten Juwel in der Kette der Zeit. Es gab nichts, was es zu vermeiden oder zu ignorieren galt, und auch nichts, was im Vergleich mit dem vorangegangenen Augenblick zu sehen war. Die Augenblicke wurden zu einzelnen Facetten, die zu untersuchen und zu beschreiben waren.

Wir hatten es geschafft! Wir hatten dem Schmerz der Situation direkt ins Auge gesehen, und er hatte sich aufgelöst, war verschwunden, war transformiert. Ich empfand ein tiefes Gefühl der Erleichterung. Und es war auch nicht bloß ein Taschenspielertrick. Vorsichtig stand ich auf und lief ein bisschen herum. Auf irgendeine Weise war der Schmerz sogar noch mehr weggenommen worden, als er durch zwei Riesenbecher voller Eis gekühlt worden wäre. Nicht einmal bei der Heimfahrt, als sich der Wind um mein Bein legte, flammte die Sinnesempfindung wieder auf.

Wenn wir nun wieder die Prinzipien der Unmittelbaren Transformation betrachten, haben wir in dieser Situation Folgendes getan:

1. Wir wehrten uns nicht gegen das, was war, den Schmerz oder die Tatsache, dass Ariel sich verbrannt hatte. Die meisten Menschen halten an der Vorstellung fest, dass Schmerz statisch und immer gleich sei. Das trifft nicht zu.

2. Wir schauten den Schmerz von Augenblick zu Augenblick an, um seine Wahrheit in jedem Augenblick zu betrachten, und wir erkannten, dass der Schmerz nur so sein konnte, wie er war.
3. Indem wir den Schmerz tatsächlich so sein ließen, wie er war, vollendete er sich selbst und verschwand. An dieser Stelle ist der Hinweis wichtig, dass wir den Schmerz nicht anschauten, um ihn abnehmen zu lassen, oder mit der Absicht, ihn loszuwerden. Zwar wünschte sich keiner von uns beiden, dass Ariel unter Schmerzen litt. Doch wenn wir dieses Anschauen des Schmerzes mit ihrem geistigen Auge als Methode benutzt hätten, um ihn zum Verschwinden zu bringen, so wäre dies nur immer wieder das Erste Prinzip gewesen und das, gegen was wir uns wehrten, wäre bestehen geblieben und stärker geworden.

An Ariels Geschichte über die Brandwunde haben wir gesehen, wie die Drei Prinzipien der Unmittelbaren Transformation und das Leben im Augenblick physischen Schmerz auflösen. Wir haben auch gesehen, wie Cecils emotionaler Schmerz und seine Schuldgefühle wegen des Todes seiner Mutter sich in einem Augenblick verwandelten. Als Nächstes wollen wir uns Sarah anschließen, wenn sie herausfindet, wie sie ihre Gefühlsausbrüche unter Kontrolle bekommen kann und wie ein vierjähriger Junge dabei half, ihr den Weg zu zeigen.

DIE BREMSEN ZIEHEN UND DEN RÜCKZUG ANTRETEN

Aus Shyas Sicht erzählt:

Sarah saß rechts von uns, und sie hatte offensichtlich den dringenden Wunsch zu sprechen. Wir leiteten eines unserer Montagabend-Seminare in Manhattan, und von Sarah ging eine Frustration aus, deren Ursache noch aufgedeckt werden musste.

Ariel musste beschlossen haben, ihr ein bisschen zu Hilfe zu kommen, als sie sagte: „Wer hat eine Frage oder möchte etwas sagen?“ Ihr Blick glitt über das Meer von Gesichtern und landete mit einem Lächeln bei Sarah.

Sarah ist eine Afroamerikanerin Anfang vierzig. Sie hat ein sehr hitziges Wesen, das durch ihre natürliche Eleganz ausgeglichen wird. Schnell ergriff sie ihre Chance und sprang auf. „Ariel, Shya“, sagte sie, „ich bin so frustriert, dass es kaum zum Aushalten ist.“ Dabei machte sie dramatische und etwas komische Handbewegungen.

Scheinbar ernsthaft fragte ich sie: „Was ist passiert?“, was Sarah dazu veranlasste zu kichern und ihre Anspannung beträchtlich reduzierte.

„Ich bin dauernd aufgebracht. Das macht mich verrückt. Anscheinend kann ich nicht anders. Ich erlebe einen Gefühlsausbruch nach dem anderen, sie gedeihen wie Unkraut!“

„Fährst du?“, fragte ich sie.

„Was?“ Sarah wirkte verwirrt. Sie war gerade dabei, uns die dramatischen Einzelheiten ihres Gefühlsausbruchs zu erzählen. Doch sie wusste nicht, dass die Wiederholung dieser Details mit großer Wahrscheinlichkeit den Kreislauf wieder in Gang setzen konnte, nur wieder erneut aufgebracht zu sein.

„Ein Auto. Kannst du Auto fahren?“

Langsam nickte sie bejahend. Ich konnte spüren, dass sie sich wunderte, worauf ich hinauswollte und was das damit zu tun hatte, aufgebracht zu sein.

„Nun, wenn du mit deinem Auto fahren würdest, und du würdest in eine Einbahnstraße einbiegen und entdecken, dass du in der falschen Richtung fährst, was würdest du dann als Erstes tun?“

„Schreien!"

Die Gruppe lachte und auch Ariel lächelte, als sie sagte: „Nehmen wir einmal an, dass Schreien in dieser Situation nicht nötig ist, okay?"

Ich fragte wieder: „Wenn du in eine Einbahnstraße eingebogen wärest und entdeckt hättest, dass du jetzt in die falsche Richtung fährst, was solltest du dann als Erstes tun – außer schreien?"

„Hinter mich schauen."

„Nun, wenn du das tun würdest, dann könntest du beim Weiterfahren an etwas anstoßen."

„Oh, das stimmt", sagte Sarah. „Ich würde anhalten."

„Richtig, du würdest die Bremsen ziehen und nach Möglichkeit den Rückzug antreten. Genauso sind Gefühlsausbrüche, Sarah. Wenn du anfängst, aufgebracht zu werden, zieh einfach die Bremsen und tritt den Rückzug an."

„Vor vielen Jahren", fuhr Ariel fort, „mieteten Shya und ich ein Haus, und unser Vermieter wohnte direkt nebenan. Er war ein sehr unangenehmer Mensch, und wir stellten fest, dass wir durch sein Verhalten ständig aufgebracht waren. An einem sehr heißen Sommerabend machten Shya und ich noch spät in der Nacht einen Spaziergang. Ringsum war niemand sonst, da wir auf dem Land wohnten. Doch während wir die Straße entlanggingen, hatten wir den Vermieter dabei … in Form unserer Beschwerden und Klagen über ihn. Er ging die Straße auf und ab und leistete uns Gesellschaft, während wir wieder einmal aufgebracht über etwas waren, das bereits geschehen war und das zu ändern wir keine Hoffnung hatten. Wir befanden uns tief in der aufgebrachten Reklamationsabteilung unseres Geistes. Das ist das Gegenstück dazu, eine Einbahnstraße in der falschen Richtung entlangzufahren. Genau da und auf der Stelle kamen wir überein, den Rückzug aus dieser Abteilung anzutreten. Und weißt du was? Es funktionierte."

Sarah wirkte nachdenklich. Das war ihr offenbar noch nie eingefallen. Langsam breitete sich ein Lächeln auf ihrem Gesicht aus: „Glaubt ihr wirklich, dass ich das tun kann?", und dann einen Augenblick später: „Wie mache ich das?"

Darüber mussten wir alle ziemlich lachen.

„Nun, Sarah, wenn du dich beklagst, dann sagst du damit, dass die Dinge nicht so sein sollten, wie sie sind, dass der Augenblick nicht vollkommen ist."

„Aber das ist er auch nicht … schaut euch doch bloß mein Haar an! Bei dieser ganzen Feuchtigkeit kräuselt es sich einfach." Dabei grinste sie.

„Ach, Sarah", fuhr Ariel fort, „gerade bist du auf des Rätsels Lösung gestoßen. Ein totaler Gefühlsausbruch ist nur die Spitze des Eisbergs. Wenn du feststellst, dass du von einem Gefühlsausbruch zum nächsten schlitterst, dann fange damit an, dir diese kleinen, scheinbar harmlosen Klagen einmal anzuschauen."

Sarah drehte ihren Kopf zur Seite. „Wie meinst du das?"

„Sollen wir nicht zu den Drei Prinzipien der Unmittelbaren Transformation zurückkehren?", warf ich ein. „Das Erste Prinzip lautet: Alles, wogegen du dich wehrst, wird bestehen bleiben und stärker werden. Nimm eine kleine Beschwerde. Jede Beschwerde, jedes Sichbeklagen ist eine Form von Widerstand. Je mehr du dich zum Beispiel über dein Haar beklagst, desto mehr Beachtung misst du ihm bei und desto mehr Gewicht bekommt es. Das soll keine Anspielung sein."

Sarah lächelte, berührte ihr Haar und nickte.

„Als Nächstes kommt das Zweite Prinzip der Unmittelbaren Transformation, das erklärt, dass du nur genauso sein kannst, wie du in irgendeinem bestimmten Augenblick bist. Mit anderen Worten, du kannst nur das Haar haben, das du hast, oder nur dort stehen, wo du gerade bist, und du könntest wirklich nicht an irgendeinem anderen Ort und auf irgendeine andere Weise sein. Natürlich hat jeder von uns eine Phantasievorstellung davon, wie die Dinge sein könnten oder vielleicht anders sein sollten, aber, Sarah, du kannst hier nur genauso sein, wie du gerade jetzt bist.“

Sarah wirkte immer noch etwas verwirrt, aber sie entspannte sich. Sie balancierte nicht mehr auf der Rutsche und war drauf und dran, wieder in jenen schlüpfrigen Abgrund ihrer Gefühlsausbrüche hineinzugeraten.

Ab hier übernahm wieder Ariel. „Sarah, das Dritte Prinzip der Unmittelbaren Transformation lautet: Alles, was du sein lässt, ohne es zu be- oder verurteilen oder zu versuchen, es zu verbessern, wird sich selbst vollenden und aufhören, dich und dein Leben zu beherrschen.“

„Lass mich das weiter erklären“, sagte ich. „Wenn du feststellst, dass du dich beklagst oder aufgebracht bist, dann ist das die einzige Möglichkeit, wie du in diesem Augenblick sein kannst. Tun wir so, als ob meine Finger eine Digitalkamera wären. Und wenn ich mit den Fingern schnippe, fotografiere ich ein Abbild von dir. Ist es möglich, dass du in diesem Augenblick gesessen haben könntest?“

„Nein, natürlich nicht!“, sagte sie mit einem anhaltenden Grinsen. Sarah war nun ganz in dieses Gespräch vertieft, und ihr Gefühlsausbruch war verflogen.

„Nun, kannst du womöglich nicht aufgebracht sein, wenn du es bist?“

„Nein“, sagte sie, diesmal etwas langsamer. „Wenn ich aufgebracht bin, dann bin ich so. Ich mag mir vielleicht in meiner

Phantasie einbilden, dass die Dinge besser werden, aber es ist offensichtlich, dass die Dinge so sind, wie sie sind – besonders dann, wenn ich aufgebracht bin. Aber ich mag das nicht und möchte es ändern", sagte sie, wobei sie mit dem Fuß aufstampfte.

Wir mussten alle lachen, während Sarah tatsächlich ganz fröhlich ihr Dilemma umriss.

„Okay, Sarah, es nicht zu mögen führt dich geradewegs zum Ersten Prinzip zurück. Das, gegen was du dich wehrst, bleibt bestehen. Wenn das Zweite Prinzip zutrifft, wie wir es gesehen haben, dann kannst du natürlich, wenn du nicht aufgebracht sein magst, auch nur nicht mögen, dass du aufgebracht bist. Du kannst nur du sein, wie auch immer du bist, jederzeit, in jedem Augenblick. Zum Glück gibt es noch ein drittes Prinzip der Unmittelbaren Transformation: Alles, was du genauso sein lässt, wie es ist, wird sich selbst vollenden und aufhören, dich zu beherrschen."

„Okay", sagte sie, „ich beginne es einzusehen."

„Deine frühere Lösung mit dem Schreien, wenn du merkst, dass du gerade eine Einbahnstraße in der falschen Richtung entlangfährst, war mehr als nur ein guter Scherz; so gehst du tatsächlich an diese Gefühlsausbrüche heran. Wenn du feststellst, dass du aufgebracht bist, dann beklagst du dich und schreist in Gedanken. Du erkennst nicht, dass du diesen Schritt einfach überspringen kannst. Es ist möglich, dass du lediglich anhältst, die Bremsen ziehst und den Rückzug aus dieser Abteilung antrittst."

In diesem Augenblick stand unser Freund Andy, der links von uns saß, auf und fragte: „Darf ich etwas ergänzen?"

„Natürlich, Andy", sagte Ariel.

„Sarah, ich habe einen kleinen Sohn, Alex. Er ist vier Jahre alt. Neulich hatte er einen Wutanfall, weil er sich nicht die Zähne putzen wollte. Er war böse auf mich und sagte, dass er nicht verstehe, warum ich alle Regeln aufstellen würde. Ruhig sagte ich ihm, dass Zähneputzen nicht meine Regel sei, sondern die des Zahnarztes. Nachdem Alex sich die Zähne geputzt hatte, setzte ich mich auf den Boden mit ihm und wir redeten darüber. Ich sprach über diesen Gefühlsausbruch, den er erlebt hatte: ‚Alex', sagte ich, ‚kennst du das Gefühl, das du bekommst, wenn du aufgebracht bist, weißt du, wie es dich überkommt?' Er nickte bejahend und daher sagte ich: ‚Nun, dann, wenn du selbst eine Regel aufstellen willst, wenn du selbst die Verantwortung tragen willst, dann sag Nein zu ihm. Sag ihm, dass es weggehen soll.' Alex sah nachdenklich aus, dann erhellte sich sein ganzes Gesicht und er rief: .Ich kann ihm sagen, dass es ins Gefängnis gehen soll.'"

Wir lachten alle, während Andy seine Geschichte beendete: „Dies war die lustige Version eines Vierjährigen, Nein zu sagen, die Bremsen zu ziehen und den Rückzug anzutreten, wenn man eine Einbahnstraße in der falschen Richtung entlangfährt. Ich habe ihn dabei beobachtet, wie er seitdem mit seinen Gefühlen ringt. Manchmal ruft er es sogar laut aus und wir lachen, wenn er lernt, dass er derjenige ist, der das Sagen hat, nicht der Gefühlsausbruch."

Es gab etwas Applaus, und Sarah lächelte, während sie und Andy sich wieder hinsetzten. Von ihrem Stuhl aus meldete sie sich zu Wort: „Ich glaube, dass ich einiges von einem Vierjährigen lernen kann! Danke, Andy. Danke, Ariel und Shya. Ich bin gespannt zu sehen, was von jetzt an passiert."

„Bist du jetzt aufgebracht?" fragte ich.

Sarah setzte sich ein wenig gerader auf ihrem Stuhl hin und erwiderte: „Überhaupt nicht. Mein Auto fährt in die richtige Richtung und ich bin am Steuer."

4

VOREINGENOMMEN SEIN

Jeder von uns hat mechanische Verhaltensweisen, die uns unser ganzes Leben lang begleiten. Wenn du diese unbewussten Hemmungen auflösen möchtest, die dich und deine Fähigkeit einschränken, dich von Augenblick zu Augenblick wohlzufühlen, dann ist es als Erstes nützlich, einen ehrlichen Blick auf deine vorgefassten Meinungen und deine Vorurteile zu werfen. Falsche Glaubenssätze, Unwissenheit und Voreingenommenheit halten uns in der Wiederholung von Mustern gefangen. Manchmal

> Im Wörterbuch wird „Erleuchtung" definiert als „frei sein von Unwissenheit, falscher Anschauung und Voreingenommenheit".

hängen wir sogar in unserer Voreingenommenheit gegenüber solchen Vorurteilen fest. Hast du schon einmal jemanden mit Nachdruck behaupten hören: „Ich bin nicht voreingenommen!"? In dieser Behauptung ist die versteckte Aussage enthalten: „Nur ‚schlechte' oder ‚dumme' Menschen sind voreingenommen, und mit Sicherheit gehöre ich nicht zu denen." Wenn du deine vorgefassten Meinungen als falsch beurteilst, setzt du dir Scheuklappen auf. Du wirst die Wahrheit darüber, auf welche Weise du dich in deinem Leben unbewusst mechanisch verhältst, nicht ohne weiteres erkennen können, weil du nichts falsch machen möchtest. Dieser Weg führt zu Unwissenheit.

Zu leugnen, dass ausnahmslos jeder Vorurteile hat, ist ähnlich wie vorzugeben, dass wir nicht atmen. Wie verhält es sich denn mit der Feststellung: „Oh, was für eine tolle Figur!"? Auf Bali träumen viele Frauen davon, einen üppigen Hintern und ausladende Hüften zu haben, während die Frauen im Westen emsig damit beschäftigt sind, solche Hüften und ein derartiges Hinterteil verschwinden zu lassen. Hast du jemals in Betracht gezogen, dass dein Bild von der Idealfrau oder dem Idealmann ein kulturell begründetes Vorurteil sein könnte, das deine Beziehungsfähigkeit hemmt? Vielleicht ist den meisten auch noch nie in den Sinn gekommen, der Gedanke, jemand habe „schöne" Augen, könne an und für sich schon ein Vorurteil sein.

Nach der Definition des Wörterbuchs ist ein Vorurteil nichts anderes als „eine Meinung, die im Voraus oder ohne Kenntnis und Nachdenken gebildet wird". Wenn du dein eigenes Eingangstor zur Erleuchtung entdecken möchtest, wenn du Unmittelbare Transformation erfahren willst, dann musst du dazu bereit sein, dir deiner kulturellen und familiären Glaubenssätze und Vorurteile bewusst zu werden, sie einzugestehen und dann den Mut zu haben, das herauszufinden, was tatsächlich deiner eigenen Wahrheit entspricht, indem du die Scheuklappen ablegst.

DIE SCHEUKLAPPEN ABLEGEN

Zu dem Prozess, dich selbst davon zu befreien, dass du blind deiner kulturell vorgegebenen Sichtweise des Lebens folgst, und dich von deinen Vorurteilen und vorgefassten Meinungen zu lösen, gehört es, genau herauszufinden, gegen was du dich wehrst. Wenn du dich beispielsweise für einen Weg entscheidest, der sich gegen eine bestimmte Person, wie ein Elternteil, oder gegen eine Gruppe, wie eine Kirche, richtet, dann wehrst du dich in Wirklichkeit gegen sie. Damit engst du die Art und Weise, wie du dich in deinem Leben verhalten kannst, auf nur eine Option ein – und diese lautet: „nicht wie die zu sein". Anstatt dass dir unendlich viele Möglichkeiten und Alternativen im Leben zur Verfügung stehen, wird dein Verhalten auf das genaue Gegenteil von dem beschränkt, dem du dich widersetzt. Auch in solchen Wendungen wie „mit tödlicher Entschlossenheit" oder „sich todsicher sein" kommt dies zum Ausdruck. Es ist kein Zufall, dass beide Begriffe das Wort „Tod" enthalten. Wenn man eine Position bezieht, die keine andere Möglichkeit zulässt, so tötet dies Lebendigkeit und geistigen Elan, die Fähigkeit zu staunen und Kreativität.

Wenn du herausfinden willst, wie du deine Vorurteile ausschalten kannst, dann interessiere dich dafür, was sie sind. Setze Bewusstheit ein, deine Fähigkeit zur neutralen Beobachtung, denn wenn du denkst, deine Vorurteile seien schlecht oder falsch, wirst du sie nicht wahrnehmen wollen. Du kannst ein Spiel erfinden, wobei du so tust, als wärest du ein Wissenschaftler oder Anthropologe, der die Art und Weise erforscht, wie eine bestimmte Kultur vorgeht und funktioniert. Nimm nicht alles, was du dabei entdeckst, persönlich. Es ist nicht persönlich. Viele deiner Vorurteile hast du aus der Kultur übernommen, in der du aufgewachsen bist; diese kulturellen Werte hast du unbewusst verinnerlicht, ohne erkennen zu können, ob sie wirklich deiner eigenen Wahrheit entsprechen.

Wahrscheinlich sind sogar einige deiner starken Wünsche und wichtigen Ziele einfach nur kulturell festgelegte Vorurteile. „Unmöglich" könntest du nun sagen. Aber bist du sicher, dass dein Trachten und Streben ganz und gar dein eigenes ist?

Hier ist ein Beispiel: Hast du jemals nachts im Bett gelegen und davon geträumt, ein wichtiges Ziel zu erreichen? Denke zurück – hatte dieses Ziel jemals etwas damit zu tun, dass dir deine Zähne abgefeilt würden? Hast du mit dreizehn Jahren inbrünstig davon geträumt, an einer Zeremonie teilzunehmen, in deren Verlauf ein Priester deine Eckzähne abfeilt, damit sie gleich sind mit deinen Vorderzähnen? Hast du jemals daran gedacht, dass eine Zeremonie des Zähnefeilens der Welt signalisieren würde, dass du endlich erwachsen bist? Glaubst du, wenn du dich diesem speziellen Übergangsritus nicht unterzogen hast, dass du nie wirklich Erfolg im Leben haben wirst und dass du dich auch nie gut verheiraten kannst? Genau solch einen Mann haben wir auf Bali in Indonesien getroffen. Wayan war es so peinlich, dass er sich noch seine Zähne hätte abfeilen lassen müssen, dass er sich für einen Versager hielt und selten lächelte, damit die Leute seine schmachvollen Zähne nicht sahen. Als er dreißig war, brachte seine Familie schließlich das Geld auf, um diese Zeremonie verspätet abzuhalten, damit Wayan endlich als Mann betrachtet werden konnte.

Das ist ein Beispiel für ein Vorurteil mit kulturellem Ursprung. Auf jeden, der diese Zeremonie nicht durchgemacht hat, sieht man herab, so als wäre er eine geringere Person. Als Mitglied dieser Gesellschaft maß Wayan sich an dieser Norm.

Wenn du herausfinden willst, welche Vorurteile du hast, dann fange einfach damit an, bewusst zu sein – deine Neigungen und

Abneigungen zur Kenntnis zu nehmen. Achte auch auf deine Träume und Sehnsüchte. Wir wollen nicht suggerieren, dass alle deine Träume Vorurteile sind oder dass du etwas an dem ändern musst, was du entdeckst. Neutrale Beobachtung reicht aus, um die begrenzende Natur deiner Vorurteile aufzulösen. Du kannst deine Aufmerksamkeit auch auf die automatische Beschaffenheit deines Verstandes und deiner Denkprozesse richten und gleichzeitig einen Sinn für Humor über das haben, was du da siehst. Vergiss nicht, dass Vorurteile in den allermeisten Fällen schon festgeschrieben wurden, bevor du die Gelegenheit hattest, vollen Gebrauch von deinem Verstand oder deinem logischen Denken zu machen.

Das alles führt zu den Prinzipien der Unmittelbaren Transformation zurück. Es geht darum, zu sehen, ohne zu beurteilen, was du siehst. Es geht darum, darauf zu achten, wie du vielleicht automatisch annimmst, dass ein Arzt oder ein Vorstandsvorsitzender ein Mann oder ein Model eine Frau ist.

Vorurteile sind automatische Annahmen von Wahrheiten oder Tatsachen. Sie tauchen oft wie schattenhafte, sich im Hintergrund abspielende Halbbilder auf, deren man sich normalerweise nicht bewusst ist. Zum Beispiel kam eine Frau namens Beth zu einer unserer Abendgruppen. Sie berichtete von ihrem Tag und allen Dingen, mit denen sie beschäftigt gewesen war. Beth ist die Direktorin einer Firma, und sie sprach darüber, dass sie von ihrer Arbeit weggehen musste, um den Klempner in ihre Wohnung zu lassen, damit er eine undichte Stelle unter dem Spülbecken reparieren konnte. Jeder war überrascht, als sie sagte: „Als der Klempner klingelte, war ich da, um *sie* hereinzulassen." Es war ein Schock, dass der Klempner von Beth eine Frau war. Während die Leute ihrer Geschichte folgten, gingen sie in ihren Köpfen von der festen Annahme aus, dass der Klempner ein Mann war – selbst wenn sie konzeptuell wissen, dass auch eine Frau einen Beruf ausüben kann, der traditionell von einem Mann ausgeübt wurde. Dein Verstand unterteilt nach Kategorien und ergänzt automatisch die Details, die er erwartet. Wenn du einen Sinn für Humor über das hast, was du siehst, anstatt dich selbst dafür zu schelten, „voreingenommen" zu sein, dann müssen diese automatischen Vorstellungen, die sich in der Vergangenheit bildeten, nicht mehr darüber bestimmen, wie du dein Leben lebst.

DEN (K)REIS SCHLIESSEN

Was wäre, wenn du dein Leben vollkommen und fehlerfrei lebst? Was wäre, wenn Dinge, die du für Fehler deinerseits hältst, in Wirklichkeit überhaupt keine Fehler sind? Als Kind hast du Informationen aus deiner Umwelt fehlerfrei übernommen und selbst dann vorbehaltlos gelernt, als dein Hirn die Wahrheit noch nicht von der Etfindung unterscheiden und auch noch nicht Vernunft und logisches Denken einsetzen konnte.

Unsere Freunde Amy und Alex haben einen wunderbaren kleinen Sohn, Alex. Du hast die Bekanntschaft mit Alex als einem Vierjährigen bereits im vorigen Kapitel gemacht. Dort lernte er, seine Gefühlsausbrüche dadurch zu beherrschen, dass er ihnen sagte, ins Gefängnis zu gehen. Wir hatten die Ehre, bei seiner Geburt im Krankenhaus dabei zu sein, und haben ihm auf seiner Reise vom Säuglingsalter zur Kindheit zugeschaut.

Als Alex fünfzehn Monate alt war, entdeckte er Kreise. Eine Zeit lang war Alex wie ein investigativer Reporter auf der Jagd nach allem Runden, auf das er seine Eltern und alle, die zuhörten, voller Freude aufmerksam machen konnte. „'Reise!", rief Alex dann gewöhnlich. Während sein Hirn in der Lage dazu war, die Form zu identifizieren, konnte sein Mund anscheinend noch nicht den K-Laut am Anfang des Wortes bilden. Anstatt also von Kreisformen umgeben zu sein, war Alex' Welt von „'Reisen" bewohnt.*

Alex konnte überall 'Reise finden: das Luftballon-Motiv an der Wand in der Arztpraxis, das Zifferblatt einer Uhr, ein Ball. Das Logo der MasterCard versetzte Alex einmal in wilde Aufregung, als er erkannte, dass es zwei sich überschneidende 'Reise hatte. Oft waren seine Eltern überrascht, dass runde Formen, selbst wenn sie bloß ein Teil des Hintergrundes waren, in den Blickpunkt von Alex' schneller Auffassungsgabe rücken konnten. Amy und Andy fanden die Begeisterung, die ihr Sohn für 'Reise empfand, liebenswert. Hin und wieder waren sie jedoch besorgt darüber, dass Alex das Wort nicht richtig aussprechen konnte. Sie konnten nur hoffen, dass er früher oder später dazu in der Lage wäre, seinen jetzigen Aussprachefehler zu korrigieren, wenn sein Sprachvermögen seine Beobachtungskraft einholte.

Eines Tages, als Andy einmal beiläufig am Türrahmen lehnte und seinem Sohn beim Spielen zuschaute, machte er eine überraschende Entdeckung. Alex war auf allen vieren damit beschäftigt, einen großen gelben Schulbus, eines seiner Lieblingsspielzeuge, hin und her zu rollen. Auf der Seite hatte der Bus vier geometrische Figuren: ein Dreieck, ein Viereck, ein Herz und einen Kreis. Alex drückte auf das Dreieck, und als der Knopf eingedrückt war, rief eine elektronische Stimme: „Dreieck!" Als Alex das Viereck berührte, rief die Stimme: „Viereck!" Und dann drückte er den großen runden Knopf und die Stimme plärrte: „ 'Reis!"

* Anm. d. Übs.: Im Englischen wird hier aus dem Wort *Circle* (Kreis) = *'Ircle*. Da dies nur schwer auf die deutsche Sprache übertragbar wäre, wurde hier als Entsprechung *Kreis* zu *'Reis*, Pl. *'Reise* variiert.

Verblüfft kam Andy in das Zimmer hinein, kniete sich neben seinen Sohn und drückte auf den Knopf. Erneut wiederholte das Spielzeug nachdrücklich: „'Reis!" Alex konnte den K-Laut aussprechen. Es war nicht sein Fehler. Er hatte fehlerfrei und hingebungsvoll von einem defekten Spielzeug gelernt, 'Reis anstelle von Kreis zu sagen.

Wir alle haben von Dingen, die wir uns in jungen Jahren zusammenreimten, oder von Ideen, die wir aus unserer Umwelt übernahmen, gelernt, wie wir uns verhalten und Beziehungen herstellen. Das war jedoch, bevor wir die Fähigkeit zur Unterscheidung besaßen, ob wir vollständige oder exakte Informationen erhielten oder nicht.

Im weiteren Verlauf deines Lebens ist es dann sehr einfach, deinen Eltern oder Lehrern oder deiner Umwelt die Schuld zu geben und zu erklären, dass sie schlechte Rollenvorbilder abgaben oder auf irgendeine Weise unzulänglich waren. Aber halte einmal inne und denke nach. Jene Menschen, die du dafür verantwortlich zu machen suchst, haben auch von ihrer Umwelt gelernt und Dinge übernommen, ohne dass ihr unerfahrener Geist die Wahrheit von der Erfindung unterscheiden oder Verstand und logisches Denken einsetzen konnte.

Genauso wie Andy das defekte Audioelement im Spielzeug seines Sohnes entdeckte, kannst auch du herausfinden, wie du funktionierst. Lehne dich beiläufig an den Türrahmen deines Lebens und beobachte, wie du vorgehst, ohne darüber zu urteilen, was du entdeckst. Du wirst unmittelbar dazu befähigt, kleine Details einzubeziehen, die dir als Kind gefehlt haben. Wenn du dich selbst mit Humor, Liebe und Respekt behandeln kannst, ganz wie du es mit einem kleinen Kind tätest, das von seiner Umwelt lernt, wirst du deine vorbehaltlose Natur und Hingabe an das Leben zurückgewinnen. Wenn du dir selbst zugestehst, den (K)reis zu schließen, und die Kunst der Selbst-Beobachtung ohne Selbstvorwürfe entdeckst, wird dies einen tiefgreifenden Einfluss auf dein Wohlbefinden haben.

IM RECHT SEIN KONTRA LEBENDIG SEIN

Es ist praktisch unmöglich, dich selbst mit Humor, Liebe und Respekt zu behandeln, wenn du von einem Standpunkt aus lebst, wonach du „im Recht" bist, dass jemand oder etwas dir in deinem Leben geschadet hat, oder wenn du unbedingt beweisen willst, dass eine andere Person „im Unrecht" ist.

Um eine Analogie zu verwenden, könnte man sagen, dass es zwei Häuser gibt, um darin zu leben, dass du aber nur eines von beiden bewohnen kannst. Es gibt das „richtige Haus" und das „lebendige Haus".

Im richtigen Haus bist du voll im Recht, liegst du „richtig". Es mag sachlich nicht korrekt sein, aber du bist immer im Recht. Mit anderen Worten, dein Standpunkt ist der einzig mögliche

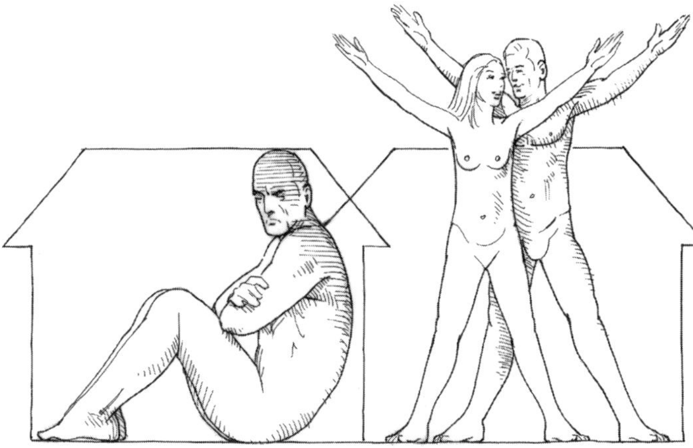

und jeder, der nicht mit deiner Sichtweise übereinstimmt, ist im Unrecht und liegt „falsch".

Im lebendigen Haus erfährst du Liebe, Gesundheit, Glück, vollen Selbstausdruck, Zufriedenheit, Verbindung mit anderen usw.

In jedem der beiden Häuser musst du, wenn du darin leben willst, Miete bezahlen. Um in dem richtigen Haus zu leben, musst du, um deine Miete zu bezahlen, die Erfahrung von Liebe, Gesundheit, Glück, vollem Selbstausdruck, Zufriedenheit, der Verbindung mit anderen usw. aufgeben.

Um in dem lebendigen Haus zu leben, musst du aufgeben, im Recht zu sein, immer „richtig" zu liegen. Mehr wird für ein lebendiges, mit Freude erfülltes Leben nicht verlangt. Du musst bloß dazu bereit sein, dein Bedürfnis aufzugeben, dass dein Standpunkt, im Recht zu sein, sämtliche Aspekte deines Lebens beherrscht. Dies ist besonders dann eine Herausforderung, wenn du tatsächlich recht hast. Doch wenn du beweisen musst, dass ein anderer unrecht hat, wirst du selbst dann der Verlierer sein, wenn du gewinnst. Etwas in dir ist weniger lebendig.

Wenn du deinen Standpunkt verteidigst und dich weigerst, irgendeinen anderen Standpunkt wahrzunehmen, bist du in einer Dynamik von Recht/Unrecht gefangen, die nur zu dem Verlust deines Gefühls von Wohlbefinden und Lebendigkeit führen kann. Um es noch einmal zu wiederholen, diese Position aufrechtzuerhalten kostet die Erfahrung von Lieben und Geliebtwerden, die Erfahrung von Wohlbefinden und vollem Selbstausdruck, die Erfahrung, mit anderen in Verbindung zu sein. Es kostet dich dein Gefühl, glücklich zu sein. Es kostet diese Dinge, weil jene Erfahrungen – bildlich gesprochen – sich auf einem Kippschalter befinden, ähnlich wie ein Lichtschalter, und sie entweder an- oder ausgeschaltet sind. Es gibt keinen stufenweise regelbaren Vorschaltwiderstand oder Dimmer. Du kannst nicht gleichzeitig eine Position der Selbstgerechtigkeit einnehmen und Wohlbefinden erfahren. Um deinen Standpunkt aufrechtzuerhalten, musst du alle anderen Standpunkte oder Sichtweisen außer Acht lassen. Du musst sie ausschließen und wegschieben. Wenn du zu irgendetwas Nein sagst, das deinen Standpunkt zu einem bestimmten Thema in Frage stellt, dann schränkt das den Kanal oder die Leitung ein, durch die Erfahrung fließt. Um Liebe und Wohlbefinden zu erleben, ist Entspannung und Offenheit erforderlich, und dies schließt die Verteidigung eines Standpunktes aus.

MADDYS GESCHICHTE

Wir haben einmal eine Frau Mitte sechzig getroffen, Maddy. Sie war im „Recht" darüber, ein Opfer ihrer gefühllosen Mutter und einem ganzen Heer von Menschen, zumeist Frauen, während ihres ganzen Lebens zu sein. Sie erzählte viele Geschichten darüber, wie sie gescholten und bestraft worden sei, vor allem von ihren Eltern und Lehrern, aber auch von völlig Fremden. Als wir Maddy näher kennenlernten, wurde uns klar, dass es ihr nicht bewusst war, wie sie selbst Situationen schuf, in denen andere Menschen sie aller Voraussicht nach aggressiv ansprechen würden, was sie dann gewöhnlich als Schelte empfand. Zum Beispiel war Maddy nicht sonderlich standfest auf ihren Füßen, doch hatte sie die Angewohnheit, oben auf einer Treppe oder an anderen potentiell gefährlichen Stellen zu wippen, während sie in ein Gespräch vertieft war – sehr zum Ärger von denjenigen, die sich um sie sorgten. Wir bemerkten, wenn ihre Freunde vorschlugen, sie solle vom Treppenrand weggehen, dass sie diese verblüfft anstarrte, so als würden sie in einer Fremdsprache reden. Gelegentlich nahm auch jemand Zuflucht dazu, laut und nachdrücklich zu sprechen, um ihre Aufmerksamkeit zu bekommen, wenn er um ihre Sicherheit fürchtete. Maddys Sichtweise auf das Leben wurde selbstbefangen, und ihr Verhalten und der daraus folgende Mangel an Verantwortung verstärkten noch die Idee, dass sie oft bestraft würde. Aber Maddy interpretierte es auch als Tadel von anderen selbst da, wo ein solcher gar nicht existierte. Wenn jemand sagte: „Oh, heute siehst du aber gut aus", dann beharrte sie darauf, dass dies eine indirekte Form sei, um ihr mitzuteilen, dass sie gestern nicht gut ausgesehen habe. Sie war so unbedingt entschlossen, mit ihrem Standpunkt im Recht zu sein, dass dies jegliches Gefühl von Wohlbefinden ausschloss, ihre Fähigkeit einschränkte, Freunde im Allgemeinen zu haben, und dass sie mit 65 Jahren noch keine romantische Beziehung gehabt hatte.

Maddys Beispiel mag sich ziemlich extrem anhören, aber wenn du darauf achtest, wirst du erkennen, wie du deine eigene Fähigkeit zu Liebe, Gesundheit, Glücklichsein und vollem Selbstausdruck schwächst. Sieh dir nur deine Neigung an, dich zu beklagen. Bei allem, wobei du feststellst, dass du dich darüber beschwerst, bist du auch „im Recht" und sperrst deine Lebendigkeit aus.

TONYS GESCHICHTE

Hier folgt ein weiteres Beispiel. Eines Abends wurden wir zu einem improvisierten Essen mit einer ziemlich großen Gruppe von Freunden eingeladen, welche die Nacht in einem Hotel verbrachten. Auf dem Weg zu dem Restaurant begann ein Typ namens Tony sich zu beschweren. Tony nörgelte herum, dass es beim letzten Mal, als er in diesem Lokal gegessen hatte, lange gedauert hatte, bis man bedient wurde. Zu diesem Zeitpunkt war das Essen aber bereits arrangiert. Tony hatte sich nicht daran beteiligen wollen, die Vorkehrungen dafür zu treffen, aber jetzt, da nichts mehr an den Plänen geändert werden konnte, war er überglücklich, dass er etwas zu kritisieren hatte.

Wie sich herausstellte, dauerte es in der Tat einige Zeit, bis jeder bestellt und sein Essen bekommen hatte, da die Gruppe aus fast dreißig Personen bestand. Die Leute gingen locker mit der Situation um und unterhielten sich mit ihren Tischnachbarn. Im Laufe des Abends vergaß Tony seine Einwände und die Geselligkeit machte ihm Spaß.

Einige Stunden später, nachdem wir die Vorspeisen und Hauptgerichte verzehrt hatten, kamen wir zu der übereinstimmenden Meinung, auf den Nachtisch verzichten zu wollen, damit wir die Rechnung bezahlen und zurück zum Hotel fahren konnten. Während die Rechnung erstellt wurde, fing Tony wieder mit seinen Beschwerden an und protestierte laut: „Aber ich hätte doch gern einen Nachtisch gehabt!" Seinen Freunden und besonders demjenigen, der den Ausflug organisiert hatte, gelang es nicht, ihn zu beruhigen. Tony verlor jegliches Verständnis für die ihn umgebenden Menschen und nahm keine Rücksicht darauf, welche Wirkung seine Beschwerden auf seine Freunde hatten. Er war nicht mehr glücklich. Er erlebte keine Zufriedenheit mehr. Er verlor seine Affinität mit anderen – aber er war im Recht. Also trugen die Leute sich mit dem Gedanken, ihre Pläne zu ändern und zu bleiben, aber es war schon spät und sie machten sich klar, dass es mindestens noch eine weitere Stunde oder auch zwei dauern würde, wenn sie Nachtisch bestellten und die Rechnung neu ausgestellt werden müsste.

An diesem Punkt machten Tonys Freunde einen Vorstoß und boten ihm besondere Plätzchen und Süßigkeiten an, die sie in ihren Hotelzimmern gehortet hatten, aber er wollte unbedingt im Recht sein. „Nein", sagte er, „darum geht es nicht. Ich wollte Nachtisch haben."

Es gibt Zeiten, wenn dein Leben nicht so läuft, wie du es vorziehen würdest. Was du dann damit machst, liegt an dir. Du kannst *im Recht* sein oder du kannst *lebendig* sein. Wie im Falle von Tony: Das, gegen was du dich wehrst, bleibt bestehen, wird stärker und beherrscht dein Leben (Erstes Prinzip), auch wenn die Dinge nur genauso sein können, wie sie in diesem Augenblick sind (Zweites Prinzip). Mit Bewusstheit, einem nicht beurteilenden, unvoreingenommenen Sehen (Drittes Prinzip), kannst du deine Vorlieben erkennen, deine Beschwerden wahrnehmen und sie einbeziehen, aber du musst sie nicht durchleben oder aussprechen. Dein Verstand ist eine Maschine, die dazu imstande ist, im Widerspruch zu den allerbesten Umständen zu stehen. Mittels Bewusstheit kannst du dich jedoch von dem inneren mentalen Kommentar befreien und die Erfahrung machen, tagaus, tagein lebendig zu sein, und nicht nur dann, wenn deine Lebensumstände zufällig einmal leicht zu bewältigen sind.

CARMENS GESCHICHTE

Manchmal saugen Menschen Gedanken über sich selbst auf, die sich im Laufe der Zeit unwissentlich für sie als richtig erweisen. Mit Bewusstheit kann man diese alten und einschränkenden geistigen Strukturen erkennen und muss nicht von ihnen bestimmt werden. Dies war der Fall bei Carmen, die auf einer Seite teilweise gelähmt geboren wurde. Ihr linkes Bein und ihr linker Arm waren erheblich schwächer als auf der rechten Seite, und sie mühte sich ihr ganzes Leben lang ab, die Muskeln zu kräftigen, während sie gleichzeitig ihr Gebrechen vor ihrer Umwelt verbarg. Carmens Leben wurde zu einer endlosen Aneinanderreihung von Enttäuschungen, da sie alles in Listen von Dingen sortierte, die sie tun und die sie nicht tun konnte. Die Dinge, die sie ihrer Meinung nach tun konnte, waren eng definiert, während Aktivitäten, an denen sie nicht teilnehmen sollte oder konnte, eine ständig wachsende Liste füllten. Carmen war es bisher nicht eingefallen, die Annahmen, die sie sich über ihre Fähigkeiten gebildet hatte, in Frage zu stellen. Es war ihr nie in den Sinn gekommen, Ratschläge von wohlmeinenden Ärzten, Körpertherapeuten und Familienangehörigen anzuzweifeln, da sie ihr Möglichstes taten, um sie vor Schaden zu schützen. Als Carmen erwachsen war, lebte sie in einem Kokon von Einschränkungen, die sie effektiv daran hinderten, lebendig zu sein.

Bei einem unserer Selbstentdeckungs-Abenteuer in Costa Rica sprach Carmen über ihre Behinderung. Während der Diskussion meldete sich ein anderer Teilnehmer namens Allen zu Wort. Allen hatte schweres Asthma, äußerst starke Allergien und Skoliose (eine seitliche Rückgratverkrümmung, Anm. d. Übs.), die nach Meinung der Ärzte zu einem Leben im Rollstuhl führen würde, wenn er zwanzig wäre. Allen, der jetzt Mitte dreißig war, schilderte, wie er heute gesünder war als jemals zuvor. Er erzählte jedem, wie aus ihm ein professioneller Sänger und Tänzer geworden war. Sein Enthusiasmus für das Leben hatte ihm dabei geholfen, Dinge zu verfolgen, die laut Fachleuten „unmöglich waren". Nach kürzlich durchgeführten Tests, so berichtete Allen uns, gehörten seine Allergien auf Tierhaare, Pollen, Hausstaub und Schimmel zu den schwersten, die sein Allergologe jemals erlebt hatte, doch war sein Arzt völlig verblüfft darüber, warum Allen in seinem Alltagsleben keine Probleme an den Tag legte.

Allen war seinen Träumen, ein darstellender Künstler zu werden, nicht deshalb gefolgt, um zu beweisen, dass die Ärzte „im Unrecht" waren. Er ging seinen Weg des Selbstausdrucks im Leben einfach unbeirrt weiter, während er gleichzeitig auf die Notwendigkeiten seines Körpers achtete. Er vergaß nicht zu sagen, er wolle Carmen nicht zu verstehen geben, dass sie sich keiner physischen Herausforderung stellte, sondern dass es vielmehr eine Sache der Interpretation war, was dieser Gesundheitszustand bedeutete. Vielleicht, so deutete er an, lebte sie aus unrichtigen Ideen heraus, die heute ihre Fähigkeit beeinträchtigten, ihr Leben voll und ganz zu leben. Er ermutigte sie dazu, von neuem hinzuschauen, anstatt nach dem Etikett „behindert" zu leben.

Dieses Gespräch bot eine neue Möglichkeit und schuf eine Öffnung für Carmen. Sie dankte Allen von Herzen, und man konnte sehen, dass er ihr Stoff zum Nachdenken gegeben hatte.

An einem späteren Abend in dieser Woche beobachteten wir Carmen schweigend, als die anderen eine Unternehmung planten, die sie normalerweise niemals für sich in Erwägung gezogen hätte: eine *Canopy Tour.* Diese Tour ist ein Abenteuerausflug in den Regenwald, wobei man den Dschungel von den Baumwipfeln aus sieht. Das verlangt, zu klettern und eine Sicherheitsausrüstung zu tragen, um an Seilen entlangzugleiten, die hoch über dem Dschungelboden zwischen Plattformen hängen. In diesem Augenblick wussten wir, dass Carmen eine Wahl hatte. Sie konnte „im Recht" über ihre Behinderung sein, oder sie konnte sich selbst zugestehen, von anderen unterstützt zu werden. Leute, die diese Tour vorher gemacht hatten, ermutigten sie, da sie wussten, dass sie durchaus im Bereich ihrer Fähigkeiten lag. Um sich ihnen anzuschließen, brauchte sie nur ihren Standpunkt gegenüber ihren Einschränkungen aufgeben und ihre Stärke entdecken. Sie konnte im Recht sein oder sie konnte lebendig sein. Während des Pläneschmiedens leuchtete Carmens Gesicht plötzlich aus Freude über die Möglichkeit auf, dass sie teilnehmen konnte. Augenblicklich sah sie jünger, kraftvoller und lebendiger aus. In diesem Moment beherrschten ihre alten einschränkenden Vorstellungen sie nicht mehr. Carmens Scheuklappen fielen ab, und sie sah die Wahrheit: ihre eigene Wahrheit. Sie wollte aus ganzem Herzen mitkommen und sie war in der Tat fähig dazu. In diesem Augenblick erkannte Carmen, dass sie mehr tun konnte – viel mehr, als sie sich selbst zugestanden hatte. Sie ging mit ihren Freunden auf die *Canopy Tour* und machte die großartigste Erfahrung ihres Lebens.

DER TOD DER VERGANGENHEIT

Die meisten von uns klammern sich sehr an ihre persönliche Geschichte, an das, was in der Vergangenheit geschehen ist. und machen sich oft nicht klar, wie stark dies unser Leben beeinflusst. Wir hängen nicht nur an den Erinnerungen der guten, sondern auch der schlechten Zeiten. Wenn wir alles dies aufgäben, so fürchten wir, weniger interessant zu sein oder nicht mehr zu wissen, wer wir überhaupt sind – weil damit ein wichtiger Teil von uns stirbt.

Wir leiteten einmal einen Workshop in einem Retreatcenter in Phoenicia im Bundesstaat New York. Eine junge Frau stellte sich selbst der Gruppe mit den folgenden Worten vor: „Ich heiße Mary. Ich bin 22 Jahre alt. Ich habe sechs Millionen Dollar, und die Leute sind nur wegen meinem Geld an mir interessiert." Mit dieser Behauptung sorgte Mary dafür, dass sie sich weiter beklagen konnte, weil sie den gegenwärtigen Augenblick mit ihrer Geschichte verdarb. Sie sorgte dafür, dass die Anwesenden sie auf dieselbe Weise wie andere betrachten würden, indem sie ihnen Informationen aus der Vergangenheit gab, die bloß die Art der Interaktion mit ihr beeinflussen konnten.

Damit wir unser Potential als Menschen voll erfüllen können, müssen wir alles loslassen, was wir bereits kennen. Aus Furcht, dass sie sonst nicht weiterexistieren würden, halten die meisten Menschen an dem fest, was sie schon kennen, und an ihrer Vorstellung davon, wer sie sind. Wir stecken in den immer gleichen alten Geschichten fest, weil wir sie nie ihr eigenes Ende finden lassen. Das Erwachen – die Fähigkeit, im Augenblick zu leben – ist der Tod des Alten: der bisherigen Wahrnehmung unseres Lebens. Wenn wir unser Festhalten an der Vergangenheit loslassen, können wir erkennen, wer wir in diesem gegenwärtigen Augenblick sind.

ERINNERUNGEN: TATSACHEN ODER ERFINDUNG?

Überprüfen wir einmal kurz unsere Erinnerungen. Die falsche Auffassung ist weit verbreitet, dass unsere Erinnerungen vergangene Ereignisse genau wiedergeben. Tatsächlich aber sind sie nichts weiter als Aufzeichnungen jener Ereignisse aus dem Blickwinkel derjenigen Person, die wir zum damaligen Zeitpunkt gewesen sind.

Hast du dich in den letzten fünf oder zehn Jahren im Leben nicht weiterentwickelt? Wenn du diese Frage mit „Ja“ beantwortest, dann sind selbst deine zutreffendsten Erinnerungen von einer begrenzteren Version deines Ich aufgezeichnet worden, und wie eine ständig abgespielte Tonbandaufnahme verzerren alle Erinnerungen im Laufe der Zeit. Deine Erinnerungen daran, wer du warst und wozu du fähig gewesen bist, verfälschen den gegenwärtigen Augenblick. Diese Vorstellungen, die zu einer Zeit entstanden, als du in der Tat weniger entwickelt warst, bilden einen Film, der die Gegenwart mit einer Version von dir überdeckt, die bestenfalls limitiert und oft völlig falsch ist. Sicherlich sind unsere Kindheitserinnerungen an Streitigkeiten oder ungerechte Behandlung, die wir erfuhren, ursprünglich bestenfalls als Ausdruck der unerfahrenen und unreifen Perspektive eines Kindes zu sehen. Und jedes Mal, wenn wir diese Geschichte entweder anderen oder im Geiste uns selbst wieder erzählt haben, ist sie durch den Standpunkt verändert worden, den wir zum jeweiligen Zeitpunkt hatten.

Es folgen zwei Beispiele dafür, wie unsere Erinnerungen tatsächlich Umdeutungen eines kindlichen Geistes sein können, beide aus Shyas Sicht erzählt. Das erste Beispiel stammt aus Shyas eigener Kindheit, und das zweite hat er als Erwachsener erlebt.

Der Spalding-Mond

Ich war vier, als mein Vater den Mond machte. Wir spielten Ball fangen. Es war schon spät. Der Zug war um zwanzig nach sieben in Far Rockaway angekommen, und der alte Joe Benson hatte meinen Vater vom Bahnhof im Auto mitgenommen. Ich wartete im Garten auf ihn, das Gras kitzelte mich an meinen nackten Füßen. In meiner Hand hielt ich den Mond umklammert – einen kleinen rosa Gummiball der Marke Spalding.

„Daddy, Daddy“, rief ich, ehe er auch nur die Möglichkeit hatte, sich zu verschnaufen. „Spiel Ball fangen mit mir … bitte, bitte, bitte!“, bettelte ich.

Selbst damals hatte mein Papa ein engelgleiches Gesicht. Es verzog sich vor Freude, die Last des Tages rutschte von seinen Schultern, seine Tageszeitung fiel auf die Veranda.

„Okay, Shya, gib mir den Ball und lauf dort drüben hin.“

Ich händigte ihm den Ball aus, umarmte ihn rasch um die Taille und stürmte an das andere Ende des Rasens. Er warf mir ein paar Bälle zu. Ich fing kaum einen von ihnen, doch meine Begeisterung war so sprühend wie das Funkeln der frühen Sterne, die sich durch das ziselierte Blau schoben. Die Sonne war untergegangen, ihr Feuer nahezu erloschen, und dann bewirkte mein Vater, der mein

Held war und alles konnte, ein Wunder. Er schleuderte diesen rosa Spalding-Gummiball hoch in den Abendhimmel – und dabei machte er den Mond. Ja, mein Vater hatte einen Spalding-Mond hochgeworfen. Ich war wie hypnotisiert. Noch lange, nachdem mein Vater bereits im Haus verschwunden war, saß ich auf der Veranda und starrte auf das, was er erschaffen hatte.

Ich glaubte von ganzem Herzen, dass mein Vater den Mond machte. Es dauerte Jahre, bevor ich eines Besseren belehrt wurde. Manchmal blicke ich auf mein Leben und kann bloß den Kopf schütteln, wenn ich sehe, dass es die Story gibt und dann das Offensichtliche und Naheliegende. Als Kind redete ich mir selbst viele Dinge ein, die mir damals als wahr erschienen, in Wirklichkeit aber nichts weiter waren als meine Einbildungen und in hohem Maße unrichtig.

Der Junge und der Brunnen

Ich habe einmal in Maine ein Haus gebaut. Es lag weit drinnen im Wald, und man brauchte ein Auto mit Allradantrieb, um dorthin zu gelangen. Ich erbaute es auf dem Fundament eines alten Bauernhauses, das dort vor langer Zeit gestanden hatte.

Eines Tages kam ein alter Mann des Wegs daher und sagte: „Ich habe hier vor vielen Jahren gewohnt, als ich noch ein Junge war. Ich würde mich vielleicht gerne einmal umsehen, wenn ich darf."

„Na klar", sagte ich, und er schien sich darüber zu freuen, dass ich ihm erlaubte, sich das alte Zuhause seiner Kindheit anzuschauen.

„Es gab hier ein sehr großes Kellergewölbe, ungefähr fünfzehn mal fünfzehn Meter – er war riesig", erzählte er mir.

Also gingen wir hinunter und warfen einen Blick auf den Keller, auf dem ich mein Haus errichtet hatte. Seine wirklichen Maße betrugen nicht mehr als sechs mal sechs Meter. Der alte Mann war entgeistert.

„Das kann doch nicht wahr sein! Er ist so klein. Damals, als ich hier aufwuchs, war er viel größer. Er war riesig!"

Als wir die Kellertreppe hinauf ans Tageslicht stiegen, schüttelte der Mann immer noch ungläubig den Kopf.

„Es gab auch einen Brunnen", sagte er dann. „Er war mindestens zwölf bis fünfzehn Meter tief."

> Wenn du an deine Version der Vergangenheit glaubst, ist dein Leben auf Lügen begründet.

Es gab nur einen einzigen Brunnen auf dem Grundstück. Ich hatte mich am Anfang, als ich hierherkam, ganz schön abrackern müssen, um ihn zu säubern. Ich musste Schlamm, altes Laub und Schutt herausholen, damit er bis zum Grunde gereinigt war. Ich führte den Mann zu dem Brunnen, der tatsächlich weniger als drei Meter tief war.

Für ein Kind können drei Meter wie fünfzehn Meter aussehen, doch das ist nur eine verzerrte Erinnerung aus dem Blickwinkel eines Kindes. Die Erinnerung des Mannes an den Brunnen war die, wie er für ihn als Kind ausgesehen hatte. Als Erwachsener hatte er davon eine völlig andere Wahrnehmung

FALSCHE ERINNERUNGEN

Neuere Untersuchungen haben überzeugend belegt, dass falsche Erinnerungen sich dem Gedächtnis sogar noch deutlicher einprägen als auf Tatsachen beruhende.

Wissenschaftler an der *Western Washington University* erklärten ihren Testpersonen bei einem Versuch, es würden ihnen eine Reihe von Fragen gestellt und die Antworten mit den Erinnerungen ihrer Familienangehörigen an dieselben Vorfälle verglichen. Es war jedoch ein Trick dabei: Ohne Wissen der Testpersonen erkundigten sich die Forscher nach einem Ereignis, das es in Wirklichkeit nie gegeben hatte. Die Versuchsperson sollte als Kind auf einer Hochzeitsfeier gewesen sein und dabei die Punschbowle über das Kleid der Brautmutter verschüttet haben. Zuerst konnte sich keiner der Teilnehmer an diesen Vorfall erinnern.

Später wurden die gleichen Personen nochmals befragt. Erstaunlicherweise konnten sich nun viele an das fiktive Ereignis „erinnern"; einigen der Teilnehmer fielen sogar bestimmte Details der erdichteten Episode ein.

Wissenschaftler haben außerdem festgestellt, dass falsche Erinnerungen entstehen können, wenn echte Erinnerungen sich mit suggestiver Beeinflussung von anderen vermischen.

Diese Studien erklären bestimmte Erfahrungen, die wir beide auch mit unseren eigenen Klienten gemacht haben. Einer von ihnen, Tom, der Leiter eines Familienbetriebs, erzählte uns, sein Vater habe hohe Anforderungen an ihn gestellt und er sei als Kind immer wieder von ihm gedemütigt worden. Einmal habe sein Vater den Rasen nochmals gemäht, weil er der Meinung gewesen sei, dass Tom seine Arbeit nicht sorgfältig genug gemacht habe. Bei unserem weiteren Gespräch über diesen Vorfall wurde Tom klar, dass sein Vater – ein Herzchirurg – ein sehr korrekter Mensch war. Tom sah ein, dass sein Vater gar nicht daran gedacht hatte, ihn herabzusetzen, sondern einfach wollte, dass der Garten seinen Maßstäben entsprach. Mit den Augen eines Erwachsenen erkannte er nun, dass die Ansprüche seines Vaters nicht unmäßig waren. In Wirklichkeit hatte er, als Zehnjähriger, eigentlich überhaupt keine Lust gehabt, den Rasen zu mähen, und daher seine Aufgabe nur unzureichend erfüllt. Anschließend versuchte Tom, der sich von seinem Vater entfremdet hatte, ihr Verhältnis wieder zu verbessern und sich auszusöhnen. Dabei entdeckte er, dass sein Vater viel netter und toleranter war, als er ihn in Erinnerung hatte. Tatsächlich war er ein großartiger Mensch, und Tom hatte viele Wesenszüge mit ihm gemeinsam.

Nun kommt Toms Bruder Jim ins Spiel. Jim arbeitete im Ausland für das Familienunternehmen. Als die Brüder sich einmal in der Firmenzentrale trafen, wurden wir zu einer Beratung hinzugezogen. Es überraschte uns, dass Jim während des Gesprächs die gleiche Geschichte über das Rasenmähen und seinen strengen Vater erzählte, der ihn gedemütigt habe – so als habe er alles selbst erlebt. Er schilderte den Vorfall mit der gleichen Anspannung, mit dem gleichen Satzbau und im gleichen Tonfall wie Tom. Ihre Versionen waren einander so erstaunlich ähnlich, dass wir beiden Fragen zu ihren Geschichten stellten. Dabei entdeckten wir, dass keiner der Brüder sich genau an dieses Ereignis erinnern konnte. In Wirklichkeit war ihnen diese Geschichte von ihrer ältesten Schwester erzählt worden, die „alles mitgekriegt" hatte. Bis zu diesem Augenblick war es den Brüdern nie in den Sinn gekommen, dass ihre ganze Einstellung gegenüber ihrem Vater von der Sichtweise ihrer Schwester geprägt war. Sie hatten sich an das „erinnert", was ihnen im Laufe der Zeit erzählt worden war, so als sei es ihre eigene Erfahrung gewesen.

Rashomon, ein Filmklassiker unter der Regie von Akira Kurosawa, behandelt ein ähnliches Thema. Dieser japanische Film aus den frühen Fünfzigerjahren schildert ein Geschehen, das zwischen einem Mann, seiner Frau, einem Banditen und einem Holzfäller stattfindet. Diese vier Gestalten durchleben gemeinsam das gleiche Ereignis, doch die Geschichte einer jeden Person bestätigt nur ihre eigene Sichtweise und Erinnerung des Geschehens. Schließlich findet der Zuschauer heraus, was sich tatsächlich zugetragen hat – und dies unterscheidet sich erheblich von den Versionen aller, die daran beteiligt waren. Unsere Erinnerungen werden durch unsere inneren Programme und Sichtweisen in eine bestimmte Richtung gelenkt. Wenn wir unsere Erinnerungen für „die Wahrheit" halten, uns von ihnen definieren lassen und ihnen erlauben, die Art und Weise zu filtern, wie wir die Realität erleben, werden wir mit Sicherheit in die Irre geführt.

5

UNMITTELBARE TRANSFORMATION

Wie wir an dem Beispiel von Ariels Brandwunde gesehen haben, kann Bewusstheit physischen Schmerz auflösen. Auch emotionales Leiden kann in einem Augenblick verschwinden, so wie es der Fall bei Cecil war, als er plötzlich erkannte, dass er unmöglich zum Zeitpunkt ihres Todes bei seiner Mutter hätte sein können, was ihn von jahrelangen Schuldgefühlen befreite. Bei diesen beiden Beispielen waren Ariel und Cecil, bevor sie eine Unmittelbare Transformation erfuhren, sich ihres Schmerzes bewusst und zuerst machtlos, ihm Einhalt zu gebieten. Unmittelbare Transformation kann auch spontan in Bereichen unseres Lebens auftreten, die zu betrachten uns vorher nie eingefallen wäre.

Geschehnisse aus unserer Vergangenheit sind Fäden, aus denen wir das Gewebe gewirkt haben, das wir als unser Leben bezeichnen. Wir alle gehen von der Annahme aus, dass unsere Deutungen dieser Geschehnisse stimmen und dass die Schlüsse, die wir daraus gezogen haben, zutreffen und richtig sind. Doch offensichtlich stimmen unsere Deutungen von Geschehnissen im Leben nicht immer. Bei Shyas Beispiel mit dem Spalding-Mond war sein irrtümlicher Gedanke, dass sein Vater den Mond

„machte“, im Grunde genommen lustig und harmlos – etwas, das zusammen mit anderen Kindheitsmythen wie dem Nikolaus und der Zahnfee* ganz von selbst auf der Strecke bleiben würde. Bei dem Beispiel des Mannes, der das Zuhause seiner Kindheit noch einmal aufsuchte, war dem Betreffenden nie der Gedanke gekommen, dass seine Erinnerung daran, nach unten in den Brunnen zu schauen, von seiner kindlichen Sichtweise gefärbt war. In seinem Fall könnte man die falsche Auslegung einfach als amüsant ansehen. Manchmal aber erschaffen unüberprüfte falsche Interpretationen eines Ereignisses eine fehlerhafte Plattform, auf der wir unser ganzes Leben aufbauen. Zum Glück kann ein Mythos mit Bewusstheit als das erkannt werden, was er ist, und die Wahrheit kann in einem Augenblick enthüllt werden, was zu einer transformativen Wandlung führt. Ganz im Augenblick sein kann ein helles Licht auf alte irrige Vorstellungen werfen und die Basis für eine vollkommen neue Existenz schaffen.

Die folgende Geschichte, aus Ariels Sicht erzählt, ist genau dafür ein Beispiel. Es veranschaulicht eine tiefgreifende Transformation, die sich bei einer jungen Frau ereignete, welche sich niemals vorgestellt hätte, dass sie einer falschen Spur folgte, die sie als Kleinkind für sich ausgelegt hatte. Es spielt Anfang der 1990er-Jahre auf der Insel Bali in Indonesien, wo wir beide Vorträge auf einer Tagung hielten. Jody war eine Teilnehmerin an dieser Veranstaltung und hatte sich zu einer privaten Beratungssitzung mit uns angemeldet. Als sie in unserem Zimmer erschien, rechnete niemand mit dem, was sich als Nächstes ereignete.

* Anm. d. Übs.: Bei der „Zahnfee“ *(tooth fairy)* handelt es sich um ein Fabelwesen aus der britischen und amerikanischen Volksüberlieferung. Sie sammelt die Milchzähne der Kinder ein und hinterlässt dafür Geldmünzen.

JODYS GESCHICHTE

Es war etwa vier Uhr nachmittags, und die Sonne schien durch das Fenster unseres Hotelzimmers am Nusa Dua Beach. Ich war froh, dass wir eine Klimaanlage hatten, weil ich weder an die Hitze noch an die Feuchtigkeit gewöhnt war. Obwohl wir uns aus Anlass der *Second Annual Earth Conference* auf Bali in Indonesien befanden und fast 20.000 Kilometer von zu Hause entfernt waren, verlor alles das an Bedeutung, als Jody den Raum betrat. Hotelzimmer haben die Eigenschaft, dies zu bewirken. Manche sind hübscher als andere, doch insgesamt besitzen sie eine Anonymität und die Fähigkeit, zeitlos zu sein. Der Hintergrund, die Stadt und selbst das Land – alles kann zurücktreten und nur dich übrig lassen. Das ist fast so, als wären solche Räume leere Gefäße, die darauf warten, mit Tausenden von Augenblicken aus Tausenden von Leben gefüllt zu werden. Ich halte sie selten für ein Heiligtum oder einen Ort, wo eine tiefgehende Heilung stattfindet, doch sie können auch das sein.

Jody, eine schlanke Frau, deren lockiges dunkles Haar kräftige graue Strähnen wie Lichttupfer hatte, war ein wenig nervös, als sie hereinkam.

„Warum hast du eine Sitzung mit uns gebucht, Jody? Gibt es etwas Bestimmtes, das du hier erfahren möchtest?“, fragte Shya, sobald wir uns alle hingesetzt hatten.

„Ich weiß es nicht. Man hat mir empfohlen, es einmal auszuprobieren, und gesagt, dass es mir bestimmt gefallen wird. Ich habe gehört, dass ihr unterschiedliche Arten von Sitzungen macht, dass ihr mit Leuten über Probleme sprecht oder Firmen beratet. Ich habe aber auch gehört, dass ihr auf verblüffende Weise Schmerzen lindern könnt, und offen gestanden bin ich ganz wund davon, mein Gepäck herumzuschleppen. Meine Koffer sind wirklich schwer. Ich weiß nicht, was ich erwarten kann, aber irgendwie habe ich gehofft, dass ihr mich von dem Schmerz in meinen Schultern befreien könnt."

„Einverstanden, Jody, holen wir den Massagetisch heraus. Du kannst dich mit dem Gesicht nach unten hinlegen, und wir wollen sehen, was wir für dich tun können."

Ich wusste, dass das, was wir nun im Begriff waren zu tun, wie eine Art von Massage erscheinen würde. Doch in Wirklichkeit ist diese Technik zur Schmerzlinderung, die Shya entwickelt hat, eine Form von moderner Alchemie. In der alten Alchemie wurde dem Stein der Weisen nachgesagt, dass er Blei oder unedle Metalle in Gold verwandelte. Unsere Technik lässt sich mit dem Stein der Weisen vergleichen. Als Jody es zuließ, sich dem Schmerz und der Anspannung in ihrem Körper ganz zuzuwenden, verschwand beides – unmittelbar.

Wir unterhielten uns und holten die Spannung aus ihren Muskeln heraus. Dabei verfolgten wir eigentlich kein bestimmtes Ziel, sondern ließen sie nur in Fühlung mit dem kommen, was da war. Während Jody jede Stelle spürte, die wir fanden, löste sich der Schmerz auf.

Nach einer etwa halbstündigen Behandlung drückte Shya auf eine verspannte Stelle in Jodys Nacken. Sie schien den Atem anzuhalten.

„Atme tief durch den Mund ein, bis hoch in den Brustkasten", sagte ich ruhig dicht an ihrem Ohr. Ich spürte eine Woge von Traurigkeit. „Was ist los, Jody? Siehst du etwas vor deinem geistigen Auge?"

Jody atmete unregelmäßig. Fast las ich ihr die Worte vom Munde ab, so kraftlos waren sie, als sie sagte: „Es ist so dumm. Es ist so dumm."

Ich wusste nicht, wovon sie sprach, doch das machte nichts. „Es ist okay, dass es dumm ist. Lass es zu, diese Stelle zu spüren."

„Es ist okay, traurig zu sein", sagte Shya noch ergänzend.

Wie ein Baby, das tief Atem holt, bevor es kräftig zu schreien beginnt, zog Jody die Luft tief in ihre Lungen ein und begann lautlos zu schluchzen.

„Es ist gut, Liebes", flüsterte ich ihr ins Ohr. „Du kannst ruhig laut sein, wenn du möchtest."

Es hätte mich nicht gewundert, wenn jemand, der an unserer Tür vorbeiging, ein kleines Kind hätte sich ausweinen hören, denn so klang es für mich. Ihr Körper wurde von Schluchzern geschüttelt. Wir waren einfach bei ihr. Es ist komisch, wie gut es sich damals anfühlte, bei Jody zu sein. Es war fast ein heiliges Gefühl, so als wäre die Quelle des Lebens selbst berührt worden. Ihr Weinen war wie das Lied einer vergessenen Seele, die nach Hause zurückkehrt, nachdem sie lange, lange Zeit draußen in der Kälte gelassen worden war.

„Was geschieht in dem Bild, das du siehst, Jody?", half Shya wieder sanft nach.

„Ich habe Papas Zigaretten angefasst …" Das letzte Wort ging erneut in Schluchzen über, das eine Weile anhielt. Schließlich versiegten die Tränen, und Jody gewann allmählich ihre Beherrschung zurück.

„Es ist so dumm!", wiederholte sie.

„Es macht nichts, wenn das Bild deinem erwachsenen Verstand dumm erscheint, Jody. Bewerte es nicht. Aus irgendeinem Grund ist es für dich, als du jünger warst, wichtig gewesen."

„Ich habe Papas Zigaretten angefasst."

„Okay, und wie alt bist du damals gewesen?"

„Vielleicht achtzehn Monate, so in etwa."

„Und was ist damals passiert?"

„Nun, Papa hat mir einen Klaps auf die Hand gegeben. Und – dann ist er gestorben."

Das würde die Tränen erklären. Shya und ich schauten uns an. In diesem Augenblick wussten wir, dass es wahrscheinlich etwas bei diesem emotionalen Puzzlespiel gab, das Jody bisher noch nicht erkannt hatte.

„Wann ist er gestorben? Was ist passiert?"

„Nun, er hat mir einen Klaps auf die Hand gegeben, und etwa eine Stunde später hatte er dann einen Herzanfall."

„Und was hat dies deiner Meinung nach bedeutet?"

„Dass ich … dass ich ihn getötet habe."

Sie fing von neuem zu schluchzen an, doch diesmal weniger heftig. Ruhig warteten wir darauf, dass sich der Sturm legte. Schließlich ließ der Gefühlsausbruch nach und hörte dann allmählich auf. Es lag eine Klarheit in der Luft, als wäre etwas reingewaschen worden – so wie der einsickernde Regen die Erde durchtränkt, den Staub fortspült und die Dinge danach blitzblank zurücklässt.

„Lass nun das Bild noch einmal wie einen Film in deinem Geist ablaufen, nur betrachte ihn diesmal mit den Augen eines Erwachsenen. Sag uns, was du siehst."

Als Jody die Geschichte nochmals erzählte, hatte diese viel an emotionaler Heftigkeit verloren.

„Mein Papa hat geraucht. Ich kann die Zigarettenpackung sehen. Es waren Lucky Strikes. Wir befanden uns im Wohnzimmer. Ich habe nach ihnen gegriffen, und dann …" sie holte tief Luft, „dann hat Papa mir einen Klaps auf die Hand gegeben. Ich wusste, dass ich etwas furchtbar Ungezogenes angestellt hatte. Er starb kurz darauf, und ich dachte mir, das sei durch mein ungezogenes Verhalten gekommen – ich hätte ihn getötet."

„Jody, hast du deinen Vater tatsächlich getötet? Hast du überhaupt irgendetwas damit zu tun?“

Jody hielt einen Augenblick inne und seufzte: „Nein, Nein, das habe ich nicht. Ich habe mir das nur gedacht.“

Als Jody sich kurze Zeit später aufsetzte, sah sie um Jahre jünger aus. Ziemlich wackelig hockte sie da auf der Kante des Massagetisches, so dass wir ihr sagten, sie solle sich Zeit lassen. Wir wollten sie nicht drängen, die Dinge wieder auf die Reihe zu kriegen. Jene Erinnerung war verschüttet gewesen und hatte lange, lange Zeit gewartet. Jody sah so neugeboren wie das Baby aus, das sie vor all den Jahren gewesen war.

„Das ist ja erstaunlich, ihr Leute! Daran habe ich vorher nie gedacht. Na so was! Wie habt ihr das nur gemacht?“

Shya sah mich an und ich ihn. Mit einem leichten Lächeln zuckten wir die Achseln.

„Tatsächlich haben wir überhaupt nichts gemacht, Jody. Wir waren einfach nur mit dir zusammen und mit dem, was in deinem Nacken passierte. Auf eine gewisse Art haben wir dich in den Augenblick gelockt, und das, was von deiner Kindheit noch in deinem Körper übrig geblieben war, kam zum Vorschein, damit du es betrachten und erleben konntest. Manchmal scheinen Erinnerungen im Körper gespeichert zu sein. Wenn man eine derart angespannte Druckstelle berührt und dich fühlen lässt, was dort ist, so kann sie sich auflösen. In deinem Falle scheint die Stelle an deinem Nacken der Auslöser für diese Erinnerung gewesen zu sein. Doch wir haben weder danach gesucht noch haben wir probiert, sie loszuwerden, nachdem du einmal darauf gestoßen bist.“

Ich setzte mich neben sie und ergriff ihre Hand. „Wie fühlst du dich?“

Jodys Blick richtete sich einen Augenblick lang nach innen. „Irgendwie neu. Ich fühle mich wie neugeboren."

Wir saßen alle ein Weilchen da, sagten nichts und kosteten nur die Stille aus, das Neue und den Reichtum, einfach lebendig zu sein.

„Ich habe mich immer traurig gefühlt, doch früher nie gewusst warum."

„Ach, Jody", meinte Shya mit einem sanften Lächeln, „gib nicht dem, was du heute hier gesehen hast, die Schuld an deiner Traurigkeit. Du bist halt einfach traurig gewesen. Wie geht's dir – fühlst du dich jetzt traurig?"

„Nein, das tu ich nicht. Ich fühle mich …" Sie begann nach dem richtigen Wort zu suchen, um ihren Zustand zu beschreiben. Die Zeit schien für uns drei stillzustehen. „Ich fühle mich dankbar", sagte sie lächelnd, „und ich fühle mich auf eine merkwürdige Weise leer."

Wir beide nickten. Diesen Zustand kannten wir gut. Es ist so, als habe ein tief innen verborgener Ort ein Stück Vergangenheit festgehalten. Wenn dieses alte Relikt endlich ausgeräumt ist, schafft es offenen Raum in deinem Herzen, um das Leben neu zu erfahren.

Als Jody aufstand, hatte sich ihr ganzer Körper selbst wieder neu geordnet. Vorher war es so gewesen, als habe sie eine tiefe Wunde geschützt. Keine noch so oft wiederholte Massage hätte die Art von Transformation bewirken können, die sich ereignet hatte, als sie einfach ihre Bewertung aufgab, dass das, was sie sah und spürte, „dumm" sei, und das Gefühl zuließ, was in ihrem Herzen war.

Mit unsicheren Schritten, fast wie ein kleines Kind, tappte Jody in die späte Nachmittagssonne auf Bali hinaus. Sie sah aus, als fände sie gerade ein ganz neues Paar Beine, auf denen sie stehen konnte. Als ich ihr dabei zuschaute, wie sie ruhig zum Meer hinunterging, fühlte ich mich privilegiert – privilegiert, lebendig zu sein, und dankbar dafür, dass Jody uns an ihrer Wiedergeburt hatte teilnehmen lassen.

EINE NEUE REALITÄT

Die Erfahrung mit Jody war zum Teil deshalb so schön gewesen, weil sie ungeplant war und weder in ihrer noch in unserer Absicht lag oder zu einem inneren Programm gehörte. Wir waren nicht von der Annahme ausgegangen, dass irgendetwas mit ihr nicht stimmte und in Ordnung gebracht werden müsste.

Wir waren einfach durch unsere Präsenz auf eine Art und Weise für sie da, die es ihr ermöglichte, sich selbst ohne Beurteilung genau zu betrachten. Wir wirkten als Katalysatoren, die es ihr erlaubten, eins mit dem Augenblick zu werden. Und als Jody eins mit dem Augenblick wurde, ohne das zu beurteilen, was sie sah, erfuhr ihr Leben eine Transformation.

Ein Therapeut, der an einem unserer Seminare teilnahm, sagte uns einmal, es sei klar, dass wir bei Jody eine Rückführung in ihre Kindheit durchgeführt hätten, die offenbar gewisse therapeutische Ergebnisse gehabt habe. Tatsächlich hatten wir überhaupt nichts „gemacht". Keiner von uns hatte mit einem Besuch in Jodys Kindheit gerechnet, doch sie war gerade in diesem Augenblick aufgetaucht.

IM AUGENBLICK SEIN

In unserer Gesellschaft wird uns erklärt, dass unsere Vergangenheit uns zu dem gemacht hat, was wir heute sind. Eine der Hauptkomponenten, die uns daran hindert, den gegenwärtigen Augenblick zu erfahren, ist das Festhalten an unserer Lebensgeschichte. Diese macht im Allgemeinen irgendjemand oder irgendetwas dafür verantwortlich, wie wir heute sind. Das allgemeine Missverständnis lautet, dass es einen triftigen Grund dafür geben muss, warum man so ist, wie man ist. Was aber, wenn es gar keinen Grund dafür gibt?

Manchmal wird jahrelang immer wieder dieselbe Geschichte erzählt, etwa: „Ich gerate leicht in Wut, weil meine Mutter mich geschlagen hat, als ich vier Jahre alt war" – doch durch die Wiederholung der Geschichte wird die Wut nicht vermindert. Wenn du dir zugestehst, einfach zu spüren, was es heißt, wütend zu sein, ohne dies zu bewerten oder vergangene Lebensumstände dafür verantwortlich zu machen, dann wird die Wut nachlassen und ihre Macht über dich verlieren.

Nach ihrer Sitzung mit uns schrieb und veröffentlichte Jody einen Artikel, der ihr Erlebnis und die sich daraus ergebende Transformation detailliert beschrieb. Nachdem er in einer Zeitschrift erschienen war, kam ein ganzer Schwung von Leuten mit dem festen Vorsatz zu uns, ihre „verkorkste" Kindheit in Ordnung zu bringen. Die Mehrzahl von ihnen war davon überzeugt, dass ihre Eltern sie falsch erzogen hätten. Dies wurde zu einer Herausforderung für sie, weil ihr Wunsch, im Recht zu sein, dass ihre Eltern im Unrecht waren, oft tatsächlich stärker war als der Wunsch, das „Problem" zu lösen.

Es ist paradox, dein Leben durch ein transformatives Bezugssystem zu betrachten. Einerseits haben traumatische Vorfälle in der Vergangenheit dein Leben beeinträchtigt. Andererseits kannst du die Verantwortung dafür, wie du in diesem gegenwärtigen Augenblick bist, nicht auf deine Vergangenheit schieben.

Du kannst deine Kindheit nicht korrigieren. Sie ist endgültig vorbei. All deine Geschichten darüber, wie du aufgewachsen bist – selbst die positiven –, sind ohnehin nur aus der verzerrten Sichtweise eines Kindes zu sehen. Erinnerst du dich noch an den Mann, der sich das Kellergewölbe und den Brunnen auf Shyas Bauernhof in Maine anschauen wollte? Nun, dieser Mann ist durch den Besuch des Hauses seiner Kindheit desillusioniert worden. Mit anderen Worten, die Illusionen, die er aus einer kindlichen Erinnerung heraus für Wahrheiten gehalten hatte, wurden ihm genommen.

VERGEBUNG

Wir wollen nun ein weiteres grundlegendes Element für die Transformation deines Lebens betrachten: deinen Eltern alles zu vergeben, was sie falsch gemacht haben, oder wovon du annimmst, dass sie es falsch gemacht haben. In Wirklichkeit geht es darum, der Vergangenheit zu vergeben. Da die Erinnerungen deiner Kindheit verdrehte Tatsachen sind, an denen du im Laufe der Zeit festgehalten hast, werden deine Vergangenheit und deine Kindheit oder die Beziehung zu deinen Eltern und Geschwistern irrelevant.

Wenn du lernst, deiner Vergangenheit zu vergeben, wendest du dich radikal davon ab, an deiner Geschichte zu arbeiten, um eine Veränderung herbeizuführen. Wir machen hier den Sprung von einem psychologischen zu einem anthropologischen Bezugssystem. (Um es zu wiederholen, ein Anthropologe nimmt zur Kenntnis oder beobachtet neutral, was er sieht, ohne das Wahrgenommene verändern zu wollen.)

Vergebung heißt:

1. Groll oder den Wunsch nach Bestrafung aufgeben; nicht mehr zornig sein; verzeihen
2. eine Schuld tilgen – so tun, als habe es diese Schuld nie gegeben

An diesem Punkt werden auch unsere Anhaftungen an unsere Geschichte deutlich. Im Laufe der Jahre haben wir beide Menschen aus allen sozialen Schichten und mit allen möglichen Lebensgeschichten, darunter auch solche, die sexuellen Missbrauch und körperliche Misshandlungen überstanden haben, entdecken sehen, wie es möglich ist, dass die traumatischen Erfahrungen ihrer Vergangenheit aufhören, ihr Leben und ihre heute getroffenen Entscheidungen zu beherrschen.

> Unmittelbare Transformation erlaubt dir, deine kindliche Trotznatur zu überwinden.

Unser Geist dient als Aufnahmegerät. Er zeichnet Ereignisse auf, wie sie von uns zum Zeitpunkt des Geschehens wahrgenommen werden. Viele unserer gegenwärtigen Glaubenssätze wurden von dem Standpunkt aus aufgestellt, den wir als Kinder hatten. Würdest du das Leben von Kindern objektiv beobachten, dann würdest du entdecken, dass vieles an ihrer Erfahrung emotional aufwühlend ist. Wenn Kinder lernen, mit der launischen Natur des Lebens fertig zu werden, werden sie zum Opfer von Enttäuschungen, und von diesem Standpunkt aus werden unwissentlich viele Lebensstrategien aufgestellt. Als Erwachsene agieren wir dann aus der Sichtweise eines Kindes, wobei wir nie auf den Gedanken kommen, diese Lebensstrategien nochmals zu überprüfen. Wenn wir uns als Kind in einem Supermarkt in der Schlange anstellen und dabei die Angebote an Kaugummi und Bonbons sehen, wollen wir sie haben. Wenn ein Elternteil Nein sagt, dann empfindet das ein zwei- oder dreijähriges Kind aus seiner Perspektive als ausgesprochen unfair, und plötzlich sehen wir diesen Elternteil als unverständigen Tyrannen, der uns willkürliche Vorschriften für unser Leben macht. Der Gedanke, dass unsere Eltern unsere Feinde sind, bekommt nun seinen festen Platz, und diese Entscheidung wird durch viele andere solcher Verweigerungen unserer Bedürfnisse und Wünsche bestärkt.

Die Menschen haben aufgrund ihres hartnäckigen Naturells überlebt, und in jedem von uns lebt ein dickköpfiges kleines Gör, das genau weiß, was es will. Auf diese Weise, durch dieses aggressive Beharren auf einem Standpunkt, hat die Menschheit überlebt. Das ist nicht unbedingt etwas Schlechtes. Bleibt es jedoch unerkannt und unüberprüft, dann kann dieselbe Eigenschaft zur Quelle von Streit, Schmerz, Leiden und dem Verlust von Beziehung werden.

Die meisten Kinder beurteilen ihre Eltern zum Teil deshalb so streng, weil es für sie aufgrund ihrer mangelnden Reife unmöglich ist, die Sichtweise eines Erwachsenen zu teilen. Später, wenn sie dann erwachsen sind, haben sich die früheren Urteile und Verhaltensweisen festgesetzt und werden selten einmal hinterfragt.

Verhaltensweisen, die merkwürdig oder unangemessen erscheinen, wenn sie von außen betrachtet werden, würden mehr Sinn ergeben, wenn wir die Fähigkeit hätten, uns in die Psyche, das logische Bezugssystem und die Lebensumstände unserer Eltern (oder jeder beliebigen anderen Person) hineinzuversetzen.

Wenn du an ihrer Stelle *sein* könntest, anstatt sie von außen zu beurteilen oder sie durch deine Annahme davon zu sehen, dass du weißt, wer sie sind, dann könntest du Mitgefühl dafür entdecken, wie schwierig es ist, auf dem Planeten Erde ein Mensch zu sein.

Eines der größten Geschenke, das du dir selbst und anderen machen kannst, ist das Geschenk der Vergebung. Hier ist ein Beispiel dafür, wie eine Frau namens Kathy eine Erfahrung machte, die es ihr ermöglichte, einen jahrelangen Konflikt zwischen ihr und ihrem Vater spontan aufzulösen. Wir erfanden ein Spiel, damit sie ein Stück in seinen Schuhen laufen konnte. Als sie zu spielen begann, hätte sie niemals die Tiefe des Mitgefühls vorausahnen können, die sie für ihren Vater entdecken würde.

KATHYS GESCHICHTE

Kathy, die Leiterin einer Schauspielschule, engagierte uns, um für ihre Schüler ein Seminar über Unmittelbare Transformation und das Thema „Lebe im Augenblick!" zu geben. Die etwa 200 angehenden Schauspieler waren größtenteils Jugendliche im mittleren bis fortgeschrittenen Teenageralter. Als Teil des Seminars dachten wir uns eine schauspielerische Übung aus, die dazu bestimmt war, diese Schüler von Einschränkungen zu befreien, deren sie sich nicht bewusst waren, die aber ihre darstellerischen Fähigkeiten limitierten – ganz zu schweigen von ihren Fähigkeiten, ein erfülltes und erfolgreiches Leben zu führen. Viele dieser jungen Leute lebten unwissentlich aus einer Entscheidung heraus, „unabhängig" oder „nicht so" wie der eine oder andere Elternteil zu sein. Diese Entscheidung hinderte sie daran, eine Freiheit des Selbstausdrucks zu erfahren und voll und ganz kreativ zu sein. Als Folge davon schienen die Schauspieler wie „auf den Mund gefallen" und wurden gestelzt oder weniger lebendig, wenn eine Rolle von ihnen verlangte, auf eine Weise zu spielen, die sie als ihrer Mutter oder ihrem Vater ähnlich empfanden.

Und so sah das Spiel aus: Wir ließen die Schüler ihre Augen schließen und wahrnehmen, gegen welchen Elternteil sie sich am meisten wehrten. Als Nächstes ließen wir sie ihre Augen öffnen und sich so verhalten, als wären sie auf einer Party. Sie wurden dazu aufgefordert, pantomimisch darzustellen, dass sie mit einem Drink in der Hand im Raum umhergingen und Kontakt zu anderen aufnahmen. Und das war der Trick dabei: Wir baten dieSchüler, auf die Party zu gehen, als wenn sie derjenige Elternteil wären, gegen den sie sich üblicherweise am meisten gewehrt hatten. Es ging darum, in die Haut, die Realität, die Körperhaltungen, die Empfindungen, die Einstellungen und selbst die Vorurteile dieses Elternteils zu schlüpfen. Wir instruierten sie, dass es wichtig sei, tatsächlich ihre Mutter oder ihr Vater zu *sein,* anstatt nur der Welt zu zeigen, was an ihnen nicht in Ordnung war. Mit anderen Worten, während sie wie ihre Eltern umhergingen, sollten sie so glaubhaft wie diese Person sein und nicht nur eine Karikatur, die sämtliche Klagen des Schülers über seine Kindheit signalisierte.

Auch Kathy beschloss, an dem Spiel teilzunehmen. Dabei hätte sie nie erwartet, Unmittelbare Transformation zu erfahren, die jahrelange Unzufriedenheit mit und Klagen über ihren Vater vollendete. Als die Übung anfing, erlebten wir viele Leute, die ihr Möglichstes taten, um die Rolle ihrer Mutter oder ihres Vaters zu spielen. Als Kathy zu uns trat, geschah Folgendes:

Sie streckte ihre Hand mit Nachdruck aus und begrüßte uns mit laut polternder Stimme: „Hallo, ich bin Ted. Meine Tochter leitet diese Schule. Ich mag die Schauspielerei nicht sonderlich, aber vermutlich mag sie es und macht ihren Job gut."

Ihr Händedruck zerquetschte einem fast die Hand. An ihrem Benehmen konnten wir ablesen, dass sie der Meinung war, Ted sei grob, es mangele ihm an sozialer Kompetenz, und er sei zu laut und rechthaberisch. Aus ihrem Auftreten ging deutlich hervor, dass Kathy damit rechnete, wir würden ihn ebenso lästig finden wie sie. Kathy war noch nicht so weit, einfach nur ihr Vater zu *sein,* sondern sie hob seine Fehler hervor.

Wir stellten uns ebenfalls vor und fragten „Ted", womit er seinen Lebensunterhalt verdiene.

„Oh, jetzt bin ich pensioniert, aber früher war ich Oberst bei der Air Force und habe im Zweiten Weltkrieg viele Angriffe auf feindliches Gebiet geflogen."

„Haben Sie sich dabei gefürchtet?"

Plötzlich machte Kathys/Teds Gesicht eine Verwandlung durch. Die wahre Antwort kam Kathy unaufgefordert in den Sinn. In einem Augenblick sah sie tatsächlich ihren Vater, und in diesem Moment wurde sie zu Ted, anstatt nur die Interpretation eines Kindes aufzuwärmen, wer er war.

Kathys Gesicht wurde weich, als sie ganz ruhig antwortete: „Ich war in Panik. Ich hatte bei jedem einzelnen Auftrag panische Angst, aber es war mein Job, meine Pflicht."

„Erzählen Sie uns auch etwas über Ihre Frau, Ted."

„Sie war eine Schönheit. Wissen Sie, wir sind seit mehr als 50 Jahren verheiratet. Hat mir drei prächtige Kinder geschenkt. Habe ich Kathy schon erwähnt? Dass sie diese Schule hier leitet? Ich bin sehr stolz auf sie."

Damit schluckte Kathy schwer und ging weiter, um andere kennenzulernen, und das Spiel setzte sich fort.

Am Ende des Tages führten wir ein privates Gespräch mit Kathy über das, was sie entdeckt hatte. Während sie mit uns sprach, trübten sich ihre Augen. Wir bemerkten, dass sich ihr ganzer Körper entspannt hatte. Ihr Gesicht leuchtete, und ihr Blick war direkt.

„Ariel, Shya, dieses kleine Spiel war so wunderbar. Ich habe immer angenommen, dass mein Papa gefühllos und gleichgültig sei; ich habe ihn für hart und unsensibel gehalten. Ich habe mir wirklich nie klargemacht, dass er sich gefürchtet hat und dass sein polterndes Auftreten nach außen hin etwas ist, das er entwickelt hat, um Widrigkeiten entgegenzutreten, seinen Truppen Mut zu machen und selbst meine Mutter spüren zu lassen, dass sie sicher und gut versorgt sei. Ich habe es ihm immer übelgenommen und ihn dafür verurteilt, autoritär zu sein, doch als ich er *war,* habe ich erkannt, dass er in Wirklichkeit sehr schüchtern ist. Wow! Sein barsches Äußeres ist nur eine Schutzhülle. Und ich war schockiert darüber, als ich begriff, wie sehr er meine Mama liebt und wie stolz er auf mich ist. Ich danke euch beiden. Ich fühle mich so, als wäre ich meinem Papa zum allerersten Mal begegnet."

Als Kathy ganz in den Augenblick hineinversetzt wurde und ihren Vater auf neue Art und Weise entdeckte, war sie endlich in der Lage dazu, ihn unvoreingenommen mit den Augen einer Erwachsenen zu sehen. Das war Unmittelbare Transformation, und der Nutzen daraus bewegte sich hin und her durch die Zeit. Mit anderen Worten, Kathy hielt nicht mehr all jene früheren Erinnerungen, warum ihr Vater „gefühllos" war, für die Wahrheit, und ihre kindlichen Interpretationen seiner Handlungen verloren an Bedeutung. Die Klagen über ihre Kindheit hörten in diesem Augenblick auf, ihre Erfahrung von ihm zu beherrschen. Als sie das nächste Mal ihren Vater besuchte, konnte sie ihn tatsächlich wahrnehmen, ohne dass der Augenblick von ihren früheren Klagen über ihn gefärbt wurde.

Im Idealfall sollten wir all jenen gegenüber, an denen uns etwas liegt, warme Gedanken haben und uns ihnen nahe fühlen. Manchmal aber sind verletzende Dinge getan oder gesagt worden, die eine Distanz geschaffen haben, und wir haben uns auseinanderentwickelt. Es ist schwer zu verstehen, wenn Menschen, die wir lieben, uns enttäuschen oder verletzen. Bisweilen scheinen ihre Handlungen derart unangemessen und unerklärlich zu sein, dass wir es fast unmöglich finden, ihnen wieder einen Platz in unserem Herzen zu geben. Und doch verspüren die meisten von uns eine Sehnsucht nach Nähe.

Im Falle von Kathy ermöglichte ihr das Spiel, ihr Vater zu *sein,* zu vergeben. Zu anderen Zeiten ist es wichtig, offen zu bleiben, zuzuhören und mit Bewusstheit an die besondere Aufeinanderfolge der Lebensumstände deiner Eltern oder einem von ihnen heranzugehen.

Im Jahre 1993 starb Shyas Mutter Ida. Die Zeit um ihren Tod herum war erstaunlich reich und erfüllend. Es war eine Zeit der Entdeckung und Vergebung. Es war eine Zeit des Übergangs, wo Geheimnisse erzählt und Puzzles zusammengesetzt wurden. Wir möchten diese kostbare Erfahrung, aus Ariels Sicht erzählt, gerne mit dir teilen.

IDAS GESCHICHTE

Ida atmete nicht mehr. Ihre Halsschlagader pulsierte noch regelmäßig, und ich beugte mich vor und beobachtete ruhig, wie ihre Lippen sich blau färbten. Ich wusste, dass es nur noch wenige Augenblicke dauern würde. Shyas Mutter Ida war seit einiger Zeit immer wieder ins Krankenhaus eingeliefert und dann wieder nach Hause entlassen worden. Sie war 84 Jahre alt, und ihr Arzt hatte ihr Herz mit einem Reifen verglichen, der alt und abgenutzt war – und jederzeit platzen konnte. Max, Shyas Vater, war verständlicherweise sehr aufgebracht über diese Analogie gewesen. Auch wenn dieser Vergleich vielleicht nicht gerade feinfühlig war, hatte ich den Eindruck, dass der Arzt sein Möglichstes tat, um Max auf das Unvermeidliche vorzubereiten. Es ist nicht verwunderlich, dass ich durch die Bemerkungen des Arztes nicht so aus der Fassung geriet wie Max. Ida war nicht meine Ehefrau, und ich hatte nicht 64 Jahre meines Lebens mit ihr verbracht.

Mehr als 50 von diesen 64 Jahren hatten Max und Ida zusammen gearbeitet. Als junge Buchhalterin hatte Ida ein Auge auf

Max geworfen, der damals ein junger Zuschneider im New Yorker „Garment District" war. Ein Zuschneider ist jemand, der die Schnittmuster auf den Stoffen ausbreitet und dann die Vorlagen zum Nähen ausschneidet. An dem Tag, an dem Max sie um eine Verabredung bat, soll Ida unter der Voraussetzung zugestimmt haben, mit ihm auszugehen, dass er ihr ein Schnittmuster für eines der aufregenden neuen Frühjahrskleider mitbringen würde. Max erfüllte ihre Bitte, und dies war der Beginn einer langen und fruchtbaren Beziehung.

Manchmal frage ich mich, was Ida mit jenem Schnittmuster gemacht hat, denn Nähen war nicht gerade eine große Stärke von ihr. Zu der Zeit, als ich sie kennenlernte, widmete sie sich der Verschönerung von Pullovern, wofür sie rautenförmige Stoffstreifen in einer Kontrastfarbe auf die Vorderseite applizierte, diese Flicken mit Stoffresten in einer weiteren Farbe besetzte und zum Schluss ein Designer-Etikett hineinnähte, das sie aus der Kleiderfabrik von Max entwendet hatte. Ida besaß eine erstaunliche Sammlung von Hüten, Pullovern und dergleichen mehr, und ich bin davon überzeugt, dass Bill Blass, Scaasi, Vera Wang und Carolina Herrera zusammengezuckt wären, wenn sie ihre Design-Etiketten darauf gesehen hätten.

Idas körperlicher und geistiger Abbau hatte sich über mehrere Jahre hingezogen. Anfangs war er nicht so offensichtlich gewesen. Im Alter von 80 Jahren machte Ida immer noch an zwei Tagen in der Woche die Buchführung für die *Max Kane Dress Company* in New York, wo Max Designerkleidung, Hochzeits- und Ballroben anfertigte.

Die Veränderungen in Idas gesundheitlicher und geistiger Verfassung sind eingefangen in lichtbildartigen Zeitabschnitten des Fabriklebens. Obwohl sie hin und wieder auch zu uns nach

Hause kamen, trafen wir sie meistens in der Fabrik, die von Ida und Max „der Ort" genannt wurde.

Bei einem solchen Besuch stellte uns Ida völlig überraschend die Frage: „Was braucht ihr? Wenn ihr für irgendetwas Geld braucht, lasst es mich nur wissen, und ich werde euch helfen. Sagt es bloß Mister Kane nicht." In der Fabrik nannte sie Max immer „Mister Kane", selbst uns gegenüber.

Das Angebot, uns Geld zu geben, war für Shya ein regelrechter Schock. Noch nie in seinem Leben hatte sie ihm ein solches Angebot gemacht. Als er heranwuchs, war Geld immer sehr knapp gewesen. Die ersten Kleidungsstücke, die er jemals besaß und die nicht secondhand gekauft waren, hatte er mit 15 Jahren von selbstverdientem Geld bezahlt. Spartanische Ausgaben beim Kleiderkauf waren nur die Spitze des Eisbergs, wenn es um Idas Umgang mit Geld ging, doch darauf will ich später noch zurückkommen.

Also nahmen wir Idas Angebot an. Mit ihrer Unterstützung konnten wir unser erstes Auto kaufen. Es war ein süßer kleiner gelber, zehn Jahre alter Volkswagen „Rabbit".* Das war etwas, was wir wirklich brauchten, aber nicht aus eigener Tasche hätten bezahlen können. Wir waren sehr dankbar für die Hilfe und respektierten ihre Bitte, es Mister Kane nicht zu sagen.

Schließlich, bei einem unserer wöchentlichen Besuche in der Fabrik, sprach Ida wie gewöhnlich über das Geschäft und die verschiedenen Aufträge, die sie im Hause ausführten. Ganz unvermittelt begann sie über einen Designer zu reden, für den Max seit 10 oder 15 Jahren nicht mehr gearbeitet hatte, und war der Meinung, es handele sich um laufende neue Aufträge. Es war so, als hätte die Nadel eines alten Plattenspielers auf unerklärliche

* Anm. d. Übs.: Ein Volkswagen „Rabbit" ist eine sehr beliebte amerikanisierte Version des VW Golf.

Weise Rillen übersprungen und würde nun ein früheres Lied nochmals abspielen. Für Ida verlief die Zeit nicht mehr linear. Wir begannen uns Sorgen zu machen um ihre Fähigkeit, die Bücher zu führen, da es immer mehr zu einer Belastung für sie zu werden schien. Etwa um diese Zeit kam es zu einem sehr offenen Gespräch zwischen ihr und Shya.

Die nebeneinander aufgereihten Nähmaschinen surrten und vibrierten im Hintergrund, während wir in ihrem kleinen Büro unter der Neonröhre saßen. „Mama", begann er, „mich beschäftigt etwas. Was wäre denn, wenn du krank oder arbeitsunfähig würdest? Wer wird über deine und Papas Finanzen Bescheid wissen? Weiß er, welche Aktien ihr habt oder wo die Konten geführt werden?"

Die Antwort lautete „Nein". Ida war die ganzen Jahre über sehr verschwiegen gewesen, aber regelmäßig flatterten Aktiendividendenscheine ins Haus. Die Stapel benutzter Briefumschläge bewahrte sie, von Gummibändern zusammengehalten, auf, denn, wie sie sagte, „man weiß ja nie, wann man Schmierpapier brauchen könnte". Da wir in der Fabrik waren, nahm Ida einen großen Bogen Schnittmusterpapier und zeichnete einige Kästchen darauf. Während wir bei ihr saßen, stellte sie eine Liste der Vermögenswerte auf. Es war unübersehbar, dass vieles fehlte, aber immerhin war es ein Anfang.

Bald begann Ida die meiste Zeit über zu Hause zu bleiben. Die Stadt war zu weit entfernt, ihre Gesundheit ließ nach, und es fing auch damit an, dass sie ihr Gleichgewicht verlor und hinfiel. Zum Glück war Max immer noch kräftig genug, um sie aufzuheben. All die Jahre des Arbeitens und Zuschneidens hatten den gerade einmal 1,60 Meter großen Mann robust bleiben lassen. Doch er begann, sich um ihre Sicherheit zu sorgen, wenn er nicht zu Hause war, und daher stellte er eine Tageshilfe ein, die ihr Gesellschaft leistete und auf sie aufpasste.

Idas physischer Verfall, der unerbittlich zu diesem Krankenhausbett geführt hatte, war zu manchen Zeiten gnädig und zu anderen beschwerlich und schmerzlich verlaufen. Zum Beispiel war es schmerzlich für einen vorher nicht auf fremde Hilfe angewiesenen Menschen, nicht mehr Auto zu fahren. Niemand wollte ihr sagen, dass sie damit aufhören sollte, und ihr diese Freiheit nehmen. Schließlich verwechselte sie eines Tages den Rückwärtsgang mit der Parkposition ihrer Automatikschaltung, und da sie glaubte, das Auto geparkt zu haben, stieg sie aus. Der Wagen rollte rückwärts, und dabei warf die Tür sie zu Boden. Es war an der Zeit. Sie ist nie wieder Auto gefahren.

Sie gab auch die Buchführung nur äußerst ungern auf, aber sie konnte die Berechnungen nicht mehr machen. Auf Idas Drängen nahm Max die Arbeit zuerst für sie nach Hause mit, doch schon bald regte sie sich darüber auf und ärgerte sich; deshalb hörte er damit auf und besorgte sich einen Buchhalter in der Stadt. Es dauerte nicht lange, da war es an der Zeit für ein weiteres ehrliches Gespräch. Oh, diese Unterredungen konnten mühsam sein! Wie bringt man gegenüber einem Elternteil – oder überhaupt bei einem anderen Menschen – seine Sterblichkeit, seine nachlassende Gesundheit und seine abnehmenden geistigen Fähigkeiten zur Sprache? Darin sind die meisten von uns nicht geübt. Ich bin mir sicher, dass meine Eltern ähnlich empfanden, als sie Themen anschneiden mussten, die mir als Heranwachsende peinlich waren oder die mich aufregten. Jetzt aber waren die Rollen endgültig und unwiderruflich vertauscht. Wir traten nun als Eltern auf und handelten, wie wir hofften, zu Idas Bestem, während sie rapide die Rolle des Kindes annahm.

„Mama, wir müssen eure Finanzen in Ordnung bringen", begann Shya mutig bei einem Telefonanruf. „Wo hebst du eure Aktienzertifikate und Belege auf?"

Ida wurde nervös und druckste herum, doch schließlich kamen wir dahinter, dass sie sie zu Hause, in der Tiefkühltruhe, aufbewahrte. Dazu fielen uns lustige Bilder ein, wie in Eisblöcken eingeschlossene Aktienzertifikate, und Wendungen wie „cool cash" und „eingefrorene Guthaben". Wir wussten, dass wir nicht in unserem Element waren und jemand brauchten, der mehr Ahnung hatte und uns dabei helfen würde, die Dinge auf die Reihe zu bekommen. Daher nahmen wir die Dienste von Josh Blau, unserem Finanzberater und Freund, in Anspruch, uns zu begleiten und eine Razzia auf die Kühltruhe zu machen.

Eine oder zwei Wochen später waren wir bei Ida zu Hause, doch wir entdeckten, dass die Kühltruhe leer war. Hatte sie die Sachen vor uns verborgen? War dies vielleicht ein Versteckspiel? Aber nein, Ida wirkte arglos. Möglicherweise dachte sie nur, dass sie es in die Tiefkühltruhe gelegt habe. Es war an der Zeit, die Fährte zu verfolgen.

Als ich noch ein kleines Mädchen war, haben meine Schwestern und ich manchmal etwas versteckt, und eine von uns musste den verborgenen Gegenstand suchen. Diejenige, die das Versteck kannte, gab dann Rückmeldung, während wir anderen suchten: „Warm, wärmer, heiß, heißer" usw., wenn wir uns dem Versteck näherten, oder „kalt, kälter, eiskalt" usw., wenn wir uns davon entfernten.

Nun, die Tiefkühltruhe war zwar ziemlich warm, aber nicht das tatsächliche Geheimlager. Neben der Tiefkühltruhe stand eine alte braune Tragetüte. Diese Tüte war heiß – glühend heiß. In dieser Tüte fanden wir über viele Jahre angesammelte finanzielle Informationen.

Das Durchsuchen dieses Banksafes aus braunem Papier erwies sich als gefährliche Mission. Ida hatte die Tüte gegenüber möglichen Eindringlingen unbeabsichtigt mit einer Schreckschussladung versehen. Sie hatte es nämlich nicht für notwendig gehalten, Büroklammern zu kaufen. Durch die Arbeit in einer Kleiderfabrik gab es einen unerschöpflichen Vorrat an dünnen, spitzen Stecknadeln. In vielen Fällen brauchte Josh ein Dokument gar nicht hervorzukramen. Wenn er eine Hand aus dieser Wundertüte für Erwachsene herauszog, kam es automatisch mit zum Vorschein, da die dazugehörige Stecknadel sich in seinem Daumen oder einem anderen Finger festgehakt hatte.

Alte zerbröselnde Stückchen von Papierdeckchen, Gewebefasern und uralte Aktien wie Studebaker hatten in jener Tüte überlebt. Es gab auch noch andere Tüten. Plötzlich begann sich die Sache aufzuklären. Briefumschläge und Gummibänder waren nicht das Einzige, das Ida gesammelt hatte. Ohne Wissen ihrer Kinder oder selbst von Mister Kane hatte Ida in jenen Tüten ein kleines Vermögen angehäuft. Nun gut, das entspricht nicht ganz der Wahrheit: Ehrlich gesagt war das Vermögen alles andere als klein. Max war schockiert.

„Sie regt sich immer noch auf, wenn ich ‚Minute Maid' Orangensaft statt einer billigeren Marke kaufe", lautete sein Kommentar, an den ich mich am deutlichsten erinnere.

Damit war ein weiteres Puzzleteil ergänzt worden, und allmählich kam ein ganzes Bild zum Vorschein. Nun wusste ich, weshalb sie niemals wollte, dass wir Mister Kane etwas von den früheren Geschenken sagten. Sie wollte nicht, dass er Verdacht schöpfte, sie habe Geld zum Ausgeben.

Als ich Monate später im Krankenhaus an ihrem Bett wachte und beobachtete, wie ihre Lippen blau wurden, wusste ich, dass wir an der Schwelle eines Übergangs standen.

Der Augenblick wiederholte sich, und während ich Idas Hand hielt, beugte ich mich direkt in ihre Blickrichtung, so dass sich mein Gesicht ganz nahe vor ihrem befand. Es war wichtig für sie zu wissen, dass sie nicht allein war. Und hier war es, das Keuchen, das reflexartige Greifen nach meiner Hand, wenn Ida von ihrer Reise zurückkehrte und in Panik nach Luft schnappte, während ihr Körper, der noch nicht ganz dazu bereit war, sie aus seiner Herrschaft zu entlassen, sein Bedürfnis nach Sauerstoff wieder geltend machte.

Ich war nun seit mehreren Stunden bei Ida. Sie hörte regelmäßig auf zu atmen, driftete ab und kehrte dann mit der Schreckensangst von jemand zurück, der unter Luftmangel leidet. Ihr Organismus reagierte mit Signalen, die Alarmsirenen und Warnglocken entsprachen. *Du erstickst!*, schrie er, und mit einem Ruck kehrte sie in Todesangst wieder ins Leben zurück. Ich hatte keine Angst um sie, und das zeigte sich in meinem Gesichtsausdruck und Verhalten. Deshalb hielt ich mein Gesicht direkt in ihrer Richtung, denn so würde es das erste Bild sein, auf das ihr Blick fiel. Meine Ruhe würde dann auf sie übergehen.

Verstehst du, ich wusste in meinem Herzen, dass Ida Angst vor dem Sterben hatte. Ich wusste auch, dass jeder kurze Abstecher, den sie nun machte, wie ein „Probelauf" war und dass meine Präsenz ihre Angst auflösen und ihren Übergang erleichtern konnte. Damit empfing ich viele Gaben. Ich sah das Staunen in ihren Augen, wenn sie zurückkehrte. Während sie sich auf meinen Blick konzentrierte, durchströmte Liebe ihr Gesicht. Manchmal, wenn sie wieder ins Bewusstsein auftauchte, wiederholte sie immer wieder denselben Satz. Nach und nach erkannte ich, dass viele dieser Sätze ungelöste Angelegenheiten, Überbleibsel seit langem, darstellten. Bei anderen handelte es sich um Geschichten oder

Ereignisse, auf die sie stolz war und die sie mitteilen musste. Und ich war das Gefäß, die glückliche Empfängerin dieser Gaben. Natürlich war Shya das auch, denn er befand sich ebenfalls im Zimmer; aber da ich mit Ida gern auf diese Weise zusammen war, ließ er mir den Raum dafür.

Ida hielt meine Hand umklammert und kehrte taumelnd in diese Realität zurück. Einen Augenblick lang war sie desorientiert und versuchte sich aufzurichten, um mehr Luft zu bekommen. Dieses Gefühl kenne ich gut – es ist mir nicht gerade angenehm. Manchmal, wenn ich etwas herunterschlucken will, inhaliere ich stattdessen tatsächlich meinen Speichel, und meine Kehle geht zu; da ich dann das Gefühl habe, nicht atmen zu können, ist es schwer, zu entspannen und nicht in Panik zu geraten. Entspannung aber war genau das, was ich mit Ida übte.

Ich freue mich so, dich zurückkommen zu sehen, sagte mein Blick.

Ihr Blick war sehr eindringlich. *Es gibt etwas, das ich dir sagen muss,* erwiderte er.

Als ich so aufmerksam lauschte, wie mir nur möglich war, sagte sie: „Du hast keine Ahnung, was es heißt, auf Geld angewiesen zu sein und es dann zu verlieren. Ich habe mir geschworen, dass ich nie wieder auf Geld angewiesen sein würde!" In ihren Augen lag ein Flehen. *Verurteile mich nicht!,* baten sie.

Weitere Puzzleteile fügten sich behutsam zusammen. Natürlich machen viele Familien kritische Zeiten durch und müssen jeden Pfennig umdrehen, um ihr Auskommen zu haben, doch für Ida war Geldsparen immer oberste Priorität gewesen. Als Shya 13 Jahre alt war, bekam seine ältere Schwester Sandra einen Knoten an ihrem Hals. „Nur eine geschwollene Drüse", meinte der Arzt. Sechs Monate lang blieb diese „Drüse" geschwollen und vergrößerte sich, doch es wurden keine weiteren Arztbesuche geplant und kein zweites Gutachten eingeholt. Ärzte kosteten immerhin Geld. Schließlich und endlich gingen sie wieder hin – doch nun war es zu spät. Sandra hatte Rückenmarkskrebs und starb an dieser Krankheit sieben lange Jahre später im Alter von 24 Jahren.

Auf die Entscheidung, ein weiteres Vorgehen wegen Sandras Knoten zu verschieben, hatten einige Familienmitglieder erbittert reagiert. Doch als ich nun neben dieser zerbrechlichen alten Lady saß und ihre Hand hielt, wurde mir bewusst, dass Ida zu irgendeinem Zeitpunkt, als sie noch jung war, sich feierlich geschworen hatte, Geld zu sparen – wie groß dieses Opfer auch erscheinen würde. Sie hatte sich dieses Versprechen selbst gegeben und niemals einen Blick darauf verwendet, was die Zukunft bereithalten könnte – und dafür hatte sie den höchsten Preis bezahlt.

„Es ist nicht richtig, dass Eltern länger als ihre Kinder leben", hatte sie mir mehr als einmal gesagt.

Zärtlich lächelte ich sie an. *Ich liebe dich. Ich vergebe dir. Es ist alles gut, du kannst dich nun ausruhen.*

Bald begann Ida mit immer größerer Leichtigkeit, sich aus ihrem Bewusstsein zu bewegen und wieder hineinzugleiten. Heute sollte nicht ihr Todestag sein, aber er kam näher. Das konnte ich spüren.

Etwa zehn Tage später war Ida wieder auf der Intensivstation. Sie würde nicht mehr nach Hause zurückkehren. Nun aber war sie ans Bett gefesselt. An eine Infusion angeschlossen, mit Sauerstoffschläuchen in der Nase, sog sie die Luft ein, während sie fast reumütig zu uns aufblickte, so als würde es ihr leidtun, dass sie so viele Unannehmlichkeiten machte.

Ich befand mich wieder an der gewohnten Stelle neben Ida und hielt ihre Hand. Innerhalb von wenigen Minuten begann sie wieder wegzugleiten und zurückzukommen. Sie hörte auf zu atmen, ihre Halsschlagader pulsierte, doch nun war dieser Vorgang unendlich viel leichter und einfacher. Ihre Augen blieben offen, ihr Blick war fest, und sie ging einfach fort. Wenn sie wieder zurückkehrte, war dies jedes Mal anders, neu und lebendig. Es verlief etwa so:

Als Ida das Bewusstsein von ihrer Umgebung wiedererlangt hatte, sagte Shya: „Hallo, Ida. Hast du eine schöne Reise gehabt?“

„Oh ja“, entgegnete sie voller Begeisterung, „es war wunderschön.“

Sie lächelte weiter, ihr runzeliges altes Gesicht und ihre eingesunkenen Augen strahlten vor Glück. Dann entspannte sich ihre Miene, und sie war wieder fort; ihr Blick war noch auf mich gerichtet, aber sie war nicht mehr da. Ich hielt ihre Hand und wartete. Shya saß nun bei mir, und wir hatten unsere Gesichter aneinandergepresst, so dass sie uns beide sehen konnte, wenn sie wieder ins Bewusstsein tauchte.

Manchmal kehrte sie ein wenig desorientiert zurück, doch immer war sie glücklich darüber, uns zu sehen.

„Oh, ihr seid’s“, rief sie dann gewöhnlich aus. „Ich liebe euch so sehr“, und dann ging sie wieder fort und kehrte zurück, überrascht und erfreut, uns erneut zu sehen. „Oh, ihr seid’s, ich liebe euch so sehr!“ Jede Rückkehr war anders. Sie war verändert und wir waren es auch.

An einem bestimmten Punkt wurde sie über einen längeren Zeitraum geistig sehr klar. Sie ergriff Shyas Hand und gab ihm so etwas wie den Segen einer sterbenden weisen Frau.

„Weißt du, Shya, ich muss zugeben, als du jünger warst, hätte ich nie gedacht, dass aus dir einmal etwas werden würde, aber du hast es geschafft. Ich bin sehr stolz auf dich.“

Wow, welch ein Geschenk! Wir alle weinten, während Shya und sie sich an den Händen hielten. Dann driftete sie wieder weg. Als sie zurückkehrte, blickte sie ihm in die Augen und sagte: „Irgendwann einmal wirst du sehr berühmt sein", ehe sie wieder wegglitt.

Ida hatte nun ihren eigenen Rhythmus gefunden. Wir brauchten sie nicht mehr am Leben erhalten. Nach und nach zog sich ihr Körper immer weiter zurück. Sie hatte es fast geschafft.

Zwei Nächte später glitt sie endgültig fort.

Ida wurde in einem wunderschönen Mahagonisarg bestattet, den Shyas Schwester Rhoda ausgesucht hatte. Vor der Totenfeier kam die Familie zusammen.

Es war ein trauriger Tag, doch es war auch ein Tag, an dem wir Geschichten austauschten über Ida Speiler, die mit ihrer Heirat zu Ida Kane wurde. Diese Geschichten sind ein Vermächtnis, das wir bewahrt haben, um es an unsere Kinder weiterzugeben.

Die einzige Überlebende von Idas Geschwistern brachte das Gespräch in Gang und erzählte ein wenig von Idas Jugend. Ruth, fast ein kleineres Ebenbild ihrer Schwester, stand auf und berichtete über einige Begebenheiten von früher, die neu für uns waren.

„Ida wurde in der Rivington Street in der Nähe der Delancey Street geboren", begann sie. Diese Straßen liegen an der Lower East Side im New Yorker Stadtteil Manhattan.

„Zuerst lief alles ganz normal, doch dann kam die große Wirtschaftskrise. Mein Vater verlor seine Arbeit. Jeder war arbeitslos, nur Ida bekam einen Job und ernährte die ganze Familie. Sie war damals 13 Jahre alt."

Ich erstarrte, so als hätte mir jemand eiskaltes Wasser über den Kopf geschüttet. Die Härchen auf meinen Armen stellten sich auf. Natürlich! Nun war das Puzzle vollständig. Ich stellte mir ein zierliches Mädchen von 13 Jahren vor, das sich abmühte, seine Geschwister und beide Elternteile zu ernähren. Sie musste für Harry, Eddy, Ruth, Matt, ihre Mutter, ihren Vater und für sich selbst – insgesamt sieben Personen – sorgen.

„Du hast keine Ahnung, was es heißt, auf Geld angewiesen zu sein und es dann zu verlieren“, hatte sie gesagt. Und sie hatte auch gesagt: „Ich habe mir geschworen, dass ich nie wieder auf Geld angewiesen sein würde!“

Später während der Totenfeier sprach ich mein eigenes stummes Gebet: *Oh Ida, Ida, ich verstehe. Es tut mir so sehr leid. Du musst wirklich sehr gelitten haben. Mir wird jetzt klar, dass du, als du ein Kind warst und verzweifelt darum gekämpft hast, deinen Eltern und all deinen Geschwistern überleben zu helfen, geschworen hast, dass du Geld sparen würdest, und zwar um jeden Preis. Du hättest unmöglich wissen können, wie dieses Versprechen dich daran hindern würde, Hilfe für deine Tochter Sandra in Anspruch zu nehmen. Du hast eine so große Last an Schuldgefühlen mit dir herumtragen müssen. Ich habe solches Mitgefühl für dich. Ich liebe dich so sehr. Ich verstehe. Dir ist vergeben, Ida. Ich hoffe, dass du nun endlich in Frieden ruhen kannst.*

Ida war ein bewundernswerter, für andere sorgender Mensch, dessen Verhaltensweisen durch die ihrem Herzen zugefügten traumatischen Verletzungen verdreht worden waren. Die Entscheidungen, die sie getroffen hatte, beherrschten ihr Leben und bereiteten ihr und den ihr nahestehenden Menschen großen Schmerz. Wenn man jedoch das logische Bezugssystem berücksichtigt, das sich aus ihren Lebensumständen entwickelte, dann war dies die einzige angemessene Reaktion, die sie sehen konnte.

Der daher rührende Schmerz, den sie spürte, konnte sich auflösen, weil wir ihr Verhalten nicht verurteilten und es für „schlecht“

hielten. Sie konnte sich endlich damit aussöhnen – und wir konnten es auch.

Vor einer Weile sahen wir beide uns eine Folge aus der Fernsehsendung *Justice Files* („Gerichtsakten") an. Ein Programmausschnitt betraf die Verurteilung eines Mannes, der für schuldig erklärt worden war, ein schönes junges Mädchen brutal vergewaltigt und ermordet zu haben. Als Teil des Gerichtsverfahrens wurde es Familienangehörigen des getöteten Mädchens erlaubt, aufzustehen und zu dem Angeklagten und dem Richter zu sprechen, um damit Heilung und eine Art Abschluss für die Hinterbliebenen zu ermöglichen. Die Mutter des Mädchens stand vor dem Mann, der gerade für den Mord an ihrer Tochter zu lebenslanger Haft verurteilt worden war, und vergab ihm. Sie erklärte, dass sie es nicht übers Herz bringe, ihn zu hassen, denn wenn sie dies tue, dann würde der Hass ihr eigenes Herz verzehren. Sie vergab ihm und hoffte, dass Gott über ihn wachen würde, wann immer er aus dem Gefängnis entlassen werde.

Derjenige, der wirklich befreit wird, wenn du jemandem vergibst, bist du selbst. Die meisten Menschen kommen gar nicht auf die Idee, dass du ihre Handlungsweise für ein Vergehen hältst; daher strafst du dich selbst am meisten, wenn du einem anderen grollst. Um es noch einmal zu wiederholen, selbst wenn du „recht hast", wenn du im Recht sein willst, dass ein anderer im Unrecht ist, geht etwas Lebendiges in dir verloren.

6

DIE GEBURT DER GEGENWART

Sobald du damit anfängst, Menschen und Geschehnissen aus deiner Vergangenheit zu vergeben und deine Geschichte loszulassen, beginnt die Gegenwart hervorzutreten. Der Ansatz oder das Paradigma, das wir vorschlagen, beinhaltet nicht die Korrektur der Vergangenheit oder die Lösung deiner Probleme. Dies ist für die meisten Menschen verwirrend, weil sie instinktiv etwas tun wollen, um die Dinge zu verbessern. Sie suchen eine Art Reparaturtechnik, weil sie die Vorstellung haben: „Je mehr du tust, desto mehr Ergebnisse erzielst du."

Es gibt ein weiteres Paradigma, das einfach „Sein" heißt.

Wenn du im gegenwärtigen Augenblick bist, verschwinden alle Probleme von selbst, weil Probleme sich an Vergangenheit/Zukunft orientieren. Alle Probleme sind eine Projektion möglicher Realitäten in die Zukunft, basierend auf deiner Vergangenheit.

Wenn du die Vergangenheit loslässt und wenn du auch die Zukunft loslässt, dann gibt es keine Probleme mehr. Und es mag vielleicht oberflächlich klingen, dies zu sagen, aber es stimmt wirklich: Je mehr du bereit bist, ganz hier zu sein und deine Vergangenheit, deine Geschichte loszulassen, desto mehr kann sich das Leben im gegenwärtigen Augenblick entfalten.

WIE SÜSS SIE IST

Es gibt eine alte Geschichte von einem Mann, der durch den Dschungel wanderte. Als er etwas in seiner Nähe spürte, blickte er über seine Schulter zurück und sah einen Tiger, der durch das Blätterwerk schlich und ihn verfolgte. Der Mann beschleunigte seinen Schritt und folgte dem Weg, auf dem er sich befand, bis er eine steil abfallende Felswand erreichte. Als er sich wieder umblickte, sah er, dass der Tiger immer noch da war und näher kam. Als er so dicht am Rande des Abhangs stand, dass seine Zehenspitzen schon über die Felskante hinausragten, bemerkte er, dass eine Kletterpflanze entlang der Felswand nach unten wuchs; um dem Tiger zu entkommen, schwang er sich an die Ranke. Der Tiger verfehlte nur knapp, sich den Mann bei seinem Abstieg zu schnappen. Als dieser anfing, sich seinen Weg an der Felswand nach unten zu bahnen, schaute er hinunter in die Tiefe und erblickte dort einen weiteren Tiger – den Gefährten des anderen, der sich oben befand. Die beiden Tiger ließen sich nieder und warteten. Als er dort hing, sah der Mann, dass zwei Mäuse, eine weiße und eine schwarze, damit begonnen hatten, oberhalb seines Kopfes an der Kletterpflanze zu nagen. Es war nur eine Sache der Zeit, bevor die Ranke abbrechen würde. Als er zur Seite blickte, bemerkte er eine wildwachsende Erdbeere, die karmesinrot im Sonnenschein schimmerte. Er pflückte sie, steckte sie sich in den Mund und kostete ihren Geschmack – wie süß sie war!

Sich über die Zukunft Sorgen zu machen und die Süße des Augenblicks zu verpassen scheint die Lebensdevise der meisten Menschen zu sein. Natürlich gibt es viele Dinge, um die man sich heute sorgen kann, wenn man daran gewöhnt ist. Auch zu Lebzeiten unserer Eltern, unserer Großeltern und weiter zurück konnte man sich die ganze Zeit hindurch über vieles Sorgen machen.

Trotzdem haben sie überlebt. Wir alle sind ein lebender Beweis dafür. Vielleicht sorgen wir uns als Teil der Kultur, in der wir aufgewachsen sind, als Überlebensstrategie, die von Generation zu Generation weitergegeben wurde. Hast du jemals aufgehört zu denken, Sorge sei kein wesentlicher Bestandteil unseres Wohlergehens, sondern etwas Zusätzliches, Unnötiges und Unüberprüftes, das wir von unserer Umwelt übernommen haben?

Du kannst den Geschmack der wilden Erdbeeren kosten, die überall um dich herum in deinem Alltagsleben existieren, wenn du hier in diesem gegenwärtigen Augenblick bist, anstatt dich um Dinge zu sorgen, an denen du nicht unmittelbar etwas ändern kannst, so wie der Zustand der Welt, die globale Erwärmung, politische Konflikte, Kriege usw. Solche Dinge existieren zwar, aber das tut in diesem Augenblick auch der Stuhl, auf dem du sitzt, die Luft, die du atmest, und der Boden unter deinen Füßen.

Vielleicht neigst du dazu, dir um mehr persönliche Dinge Sorgen zu machen, so wie deine Finanzen, der Zustand deiner Beziehung oder deine Gesundheit. Nun, wird durch Besorgnis tatsächlich irgendetwas Positives erreicht? Sie ist die Projektion des Geistes von zukünftigen Möglichkeiten und beruht auf dem, was wir erlebt haben oder aus der Vergangenheit kennen.

Im gegenwärtigen Augenblick zu sein ist das großartig wirksame Mittel zur Transformation. Wenn du dich tatsächlich darauf einlässt, ganz hier zu sein, dann muss das Leben sich nicht selbst wiederholen. Bislang unbekannte, nicht wahrgenommene kreative Lösungen können sich selbst präsentieren. Wenn du hier bist, dann bist du auch zugänglich dafür, sie zu erkennen.

Ein Country & Western-Song von Tim McGraw handelt von einem Mann, der entdeckt, dass er eine möglicherweise tödlich verlaufende Krankheit hat. Er macht sich auf den Weg und tut alle Dinge, von denen er immer nur träumte … und viele, die er nicht einmal in Erwägung gezogen hatte: auf einem Stier reiten, angeln gehen, ein treuer Freund sein, mit mehr Wohlwollen reden, sich selbst zugestehen, tiefe Liebe zu empfinden und vergeben zu können.

Größtenteils leben wir unser Leben nicht so, als wäre es unser letzter Tag. Wir tun Dinge, denen wir uns, wenn wir sterben würden, niemals hingäben. Der Trick dabei ist zu entdecken, wie wir dieses Gefühl von Dringlichkeit und Lebendigkeit bewahren können, ohne dass wir von unheilvollen Umständen, wie einem unmittelbar bevorstehenden Tod, bedroht sind. Obwohl der Song *Live Like You Were Dying* („Lebe so, als würdest du sterben") nur ein Song ist, steht er dafür, was geschehen kann, wenn du dich auf dein Leben einlässt, ohne etwas zu bevorzugen, ohne auf die Geschichte zu hören, ob du dich danach fühlst oder nicht, etwas zu tun, und ohne zu denken, dass es auf den gegenwärtigen Augenblick nicht ankommt.

Wie, könntest du nun fragen, lässt du dich auf dein Leben ein, so als komme es auf den gegenwärtigen Augenblick an, wenn du in Wahrheit nicht in Verbindung bist mit dieser Erfahrung und in einem Kreislauf von Sorgen gefangen? Nun, du könntest damit anfangen, dein Geschirr zu spülen, dein Bett zu machen, dein Büro aufzuräumen und solche Dinge zu Ende zu bringen, die du unvollendet gelassen hast und die du ignorierst, weil du dich um andere Dinge sorgst. Was wäre denn, wenn Besorgnis nur eine ausgeklügelte Methode wäre, um Dinge auf die lange Bank zu schieben? Hast du jemals in Betracht gezogen, dass du, wenn du wirklich voll und ganz damit beschäftigt bist, Dinge zu erledigen, kaum Zeit oder Interesse dafür hast, dich über dein Leben zu beklagen?

Wenn du also eine Stelle brauchst, um zu beginnen, dann sieh dich um. Jede noch so kleine Unvollkommenheit anzugehen ist ein toller Anfang. Mache dann mit der nächsten Sache weiter. Du könntest mit den Dingen anfangen, die du gern als Erstes angehen möchtest. Finde deinen Rhythmus. Beziehe dann weiterhin das ein, was als Nächstes kommt. Du wirst angenehm überrascht sein, wenn du dich mit den minutiösen Einzelheiten deines Lebens befasst, dass die Antworten, wie die „großen" Dinge zu handhaben sind, auf magische Weise auftauchen.

DER STEIN DER WEISEN

Wenn du damit aufhören kannst, deine Vergangenheit dafür verantwortlich zu machen, was aus dir geworden ist, wird dein Leben eine magische Transformation erfahren. Rückwirkend und in die Zukunft reichend, für immer. Einfach dadurch, dass du im Hier und Jetzt ankommst. Wie in dem Kapitel „Unmittelbare Transformation" bereits erwähnt, stammte der Stein der Weisen aus der alten Alchemie, der Vorläuferin der modernen Chemie, und es wurde von ihm behauptet, er verwandle unedle Metalle wie Blei in Gold.

> Es gibt einen modernen Stein der Weisen – im gegenwärtigen Augenblick zu sein – und er verwandelt ein gewöhnliches, alltägliches Leben in ein ausgezeichnetes, großartiges Leben.

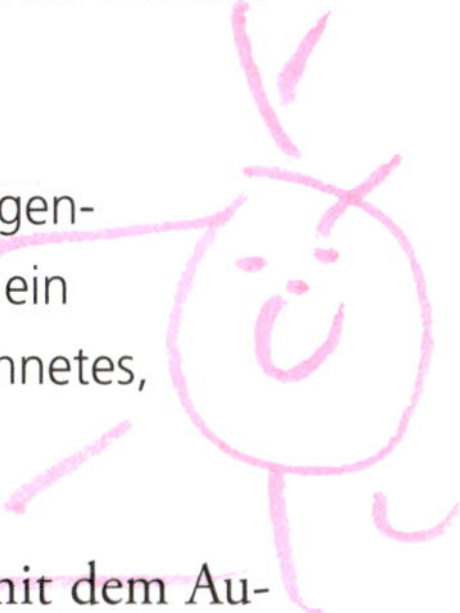

Dies ist für jeden möglich. Es erfordert nur eines: mit dem Augenblick eins zu werden. Es verlangt weder, über den Augenblick nachzudenken, noch zu versuchen, irgendeinen Aspekt von dir zu verändern oder zu verbessern.

Mit Unmittelbarer Transformation ist keine Arbeit verbunden. Wie wir bereits gesagt haben, ist sie ein Seinszustand. Es ist eine Art und Weise, wie du in deinem Leben bist, und nicht etwas, das du tust, wie eine bestimmte Übung oder Praxis. Du kannst nichts dafür *tun,* transformiert zu werden. Du kannst transformiert *sein.*

Wenn du im Augenblick lebst, brauchst du nichts zu erreichen, zu verbessern oder loszuwerden. Ein tiefes Gefühl von Zufriedenheit strahlt von innen heraus, anstatt unerreichbar zu sein. Wenn du im Augenblick bist, wird das, was du früher einmal für Blei gehalten hast, zu Gold.

DAS PARADOX DES SEINS UND DES TUNS

Erleuchtung ist ein Seinszustand und kann nicht durch Tun erreicht werden. Wir alle sind jedoch darin geübt, Dinge zu tun, um die Ziele zu erreichen, die wir uns wünschen. So könntest du zum Beispiel fragen: „Wie kann ich meinen Geist zur Ruhe bringen? Welche Meditation kann ich machen, um einen Zustand des Wohlbefindens zu erreichen? Sag mir, was zu tun ist, und ich werde es tun."

Das Paradox besteht darin, dass es nichts zu tun gibt, um einen Zustand des Wohlbefindens zu erreichen. Es gibt Dinge, die getan werden können, und doch gibt es nichts zu tun. Wie gehen wir also an dieses Paradox heran, dieses scheinbare Rätsel, und finden tatsächlich heraus, wie wir unser Leben direkt, in jedem Augenblick, authentisch leben und nicht nur, indem wir uns etwas ausdenken, das wir tun?

Es gibt ein heikles Gleichgewicht zwischen der Beschäftigung mit einer Handlung, der Durchführung einer Aufgabe, und der eigenen Präsenz, die man einbringt und die sich nicht darauf gründet, dass man versucht, die Aufgabe hinter sich zu bringen.

Das lässt sich nicht gut in Worte fassen. Es ist so, als wollten wir versuchen, dein Lieblingseis zu beschreiben, damit du es tatsächlich schmecken kannst.

> Wir haben die Erfahrung gemacht, dass jemand, wenn er präsent ist, häufig zu tiefgründigen Lösungen für problematische Geschehnisse und unvereinbare Rätsel kommt, während er duscht oder Geschirr spült, während er schläft oder sich ausruht. Die Antwort kommt von irgendwo anders her als von dem logisch-rationalen Denksystem.

Wir alle sind darin geübt zu *tun.* In der Schule ist uns beigebracht worden, wie Dinge dadurch ausgeführt werden, dass man etwas tut. Gibt es ein Problem, dann denken wir: „Was tue ich, um das Problem zu verändern oder in Ordnung zu bringen, und wie kann ich das so schnell wie möglich erreichen?"

Es gibt noch eine weitere Möglichkeit: die Möglichkeit, eins mit der Situation zu sein und den Drang zu bemerken, zu einer Lösung zu kommen. Eins mit der Situation zu sein anstatt zu versuchen, etwas zu tun, um sie zu verändern oder in Ordnung zu bringen, kann sie lösen.

Du musst präsent gegenüber der Handlung sein, in die du involviert bist, ohne dass du versuchst, sie hinter dich zu bringen, sondern um der reinen Erfahrung der Handlung selbst willen. Das Paradox besteht darin, dass du die Aufgabe ausführen willst. Es geht aber nicht darum, die Aufgabe auszuführen; es geht darum, für sie da zu sein.

Wenn du etwas erfährst, dann vollendet es sich selbst. Alles, was übrig bleibt, ist eine „Nicht-Erfahrung" – etwas, wogegen du dich gewehrt hast, so dass es sich festsetzt und deinem Leben Gepäck hinzufügt. Du kannst dich entweder den Anforderungen *hingeben,* die dein Leben an dich stellt; in diesem Fall wehrst du dich nicht gegen die Erfahrung und sie vollendet sich selbst, wobei dies deinem Leben zusätzliche Energie zurückgibt. Oder du kannst dich dem *fügen,* das tun zu müssen, was dein Leben von dir verlangt; in diesem Fall wirst du dich beklagen oder darüber ärgern, dass du es tun musst, und dies wird dir Energie wegnehmen und Schmerz verursachen.

Zum Beispiel hatte unser Freund Bob eines Abends einen Herzanfall. Diese Nahtoderfahrung war mit Sicherheit nichts, was er sich freiwillig gewünscht hätte. In dieser Nacht litt Bob unter starkem Sodbrennen und eigenartigen Empfindungen in seinem Brustkorb, die ihn schwächten. Seine Frau rief den ärztlichen Notdienst an, rasch traf eine Notfallambulanz ein und er wurde auf schnellstem Wege ins Krankenhaus geschafft. Als er dort ankam, war am Verhalten des Arztes erkennbar, dass er sich in einem ernsten Zustand befand. Und das war er auch tatsächlich.

Der Herzanfall war schwer genug, dass Bob an ein Beatmungsgerät angeschlossen werden musste – ein Apparat, der für dich atmet. Über dieses traumatische Ereignis hatte Bob Folgendes zu sagen:

„Ich weiß nicht, wie es geschah, aber es war eine Ruhe in mir und ein Gefühl des Losgelöstseins von der Panik, die um mich herum existierte. Ich war nur der Beobachter der Erfahrung und ich war einfach da. Ich wurde an das Beatmungsgerät angeschlossen, und schließlich geschah etwas Interessantes. Als es mir besser ging und ich meine Gesundheit wiedererlangt hatte, stellte ich fest, dass mein Wunsch, die Kontrolle zu behalten und etwas an der Situation zu verändern, zurückkehrte. Ein Beatmungsgerät atmet tatsächlich für dich. Es pumpt Luft in dich hinein und holt sie wieder heraus. Was passierte war, dass ich die Geschwindigkeit meiner Atmung selbst, ohne fremde Hilfe kontrollieren wollte. Als dies geschah, kämpfte ich gegen den Augenblick, und das war ausgesprochen qualvoll. Natürlich wollte ich, dass es mir besser ging, aber es war wichtig zu erkennen, dass es in jenem Augenblick nichts zu tun gab, um dieses oder jenes zu erreichen, und dass etwas zu tun in der Tat bedeutete, sich selbst im Wege zu stehen.

Seit dieser Zeit haben meine Frau und ich einen gesünderen Lebensstil mit einer bestimmten Ernährungsweise und Fitnesstraining eingeführt, und doch stelle ich fest, dass es nicht befriedigend ist, wenn ich diese Dinge tue, ohne meine ganze Präsenz einzubringen. Wenn ich jedoch an mein Leben mit hervorragender Leistung und Präsenz herangehe, so als wäre es meine eigene Idee, fit zu sein, und nicht als Reaktion darauf, dass ich krank gewesen bin, dann empfinde ich mein Leben als äußerst reich, lohnenswert und befriedigend."

Bobs kurzes Scharmützel mit dem Tod ließ ihn mit einer interessanten Sichtweise über das Leben zurück. Er machte sich klar, dass er sich entweder gegen die Art und Weise wehren konnte, wie sich sein Leben zeigte, und durch die Dinge schleppen konnte, die er zu tun hatte (dies könnte man als *sich fügen* bezeichnen); oder er konnte sich diesen Anforderungen *hingeben* und sie so erfüllen, als wären sie in erster Linie seine eigene Wahl. Bob erkannte, dass er seine Präsenz und Bewusstheit in das einbringen konnte, womit er beschäftigt war, und sich voll und ganz auf diese Dinge einlassen konnte. Dies führte zu Zufriedenheit, Wohlbefinden und einem Gefühl der Kontrolle in seinem eigenen Leben.

Die Erfahrung mit dem Beatmungsgerät war die erste in einer ganzen Serie, bei der es darum ging, sich dem hinzugeben, „außer

Kontrolle“ zu sein; später hat ihn dies zur Erfahrung von höchster Kontrolle geführt. Wir verbrachten einige Zeit mit Bob während der Monate nach seinem Herzanfall und konnten beobachten, wie er seinen Lebensstil umgestaltete. Es gab Zeiten, in denen er sich als Opfer der Verhältnisse fühlte und dem *fügte,* sich auf gesündere Weise zu ernähren (kein Schlemmen von Pommes frites oder getoastetem Weißbrot mit Butter), und während dieser Zeit fühlte er sich so, als wäre ihm etwas versagt. Als er lernte, sich dem Ernährungswechsel *hinzugeben* und die Lebensmittel, die auf seiner Liste für Herzgesundheit standen, zu essen, so als wäre es seine eigene Wahl und nicht etwas ihm Auferlegtes, gewann er seinen Geschmack am Essen zurück – nur hatte sein Nahrungskonsum jetzt keine negativen Konsequenzen mehr.

GLÜCKLICHSEIN

Seit unserer Kindheit haben wir uns die Vorstellung zu eigen gemacht, dass es besser ist, glücklich zu sein als unglücklich. Jeder weiß, dass es besser ist, glücklich und froh anstatt traurig oder zornig, verwirrt oder unsicher zu sein, was man mit seinem Leben anfangen soll. Daher versuchen die Menschen, glücklich zu sein.

In den Vereinigten Staaten verfolgen wir den „Amerikanischen Traum“. Es ist uns beigebracht worden, dass es uns Zufriedenheit schenken wird, den richtigen Job zu kriegen oder bestimmte Dinge zu besitzen. Und natürlich glauben viele, dass es ewige Glückseligkeit bringen wird, den perfekten „Jemand“, unseren Seelengefährten, zu finden. Dem ist offenkundig nicht so. Wie viele von uns haben ihre Traumbeziehung gefunden, die sich dann in einen Alptraum verwandelte?

Erinnerst du dich noch daran, wie aufgeregt du warst, als du jene Puppe, ein bestimmtes Spielzeug oder ein Sammelbild von deinem Lieblingssportler bekommen hast? Oder was es später für ein Gefühl war, endlich dein erstes Auto, eine eigene Stereoanlage oder jenen Verlobungsring zu bekommen? Heute sind diese Spielsachen und Besitztümer seit langem ausrangiert, vergessen oder in deinem Alltagsleben zu einer Selbstverständlichkeit geworden. Vor allem diejenigen von uns, die ein gutes Händchen dafür gehabt haben, Besitz zu erwerben, haben entdeckt, dass diese Form des Glücklichseins bestenfalls vergänglich ist.

Manche haben ihren „Seelengefährten“ gefunden und wundern sich, warum es in anderen Lebensbereichen nicht klappt, fragen sich, ob das Leben vielleicht mehr als nur eine tolle Beziehung ist. Es ist noch nicht allzu lange her, dass es genügte, eine Familie zu haben; die Leute gingen von der Annahme aus, dass ein Kind zu haben ihre Beziehung und das Leben überhaupt mit Sinn und Zweck erfüllte. Doch heutzutage ist es kein Geheimnis mehr, dass Kinder großziehen harte Arbeit und manchmal auch Stress bedeuten kann.

Was sollen wir also tun? Es scheint so, als ob unsere Mythen und abergläubischen Vorstellungen, die als Wegweiser in den utopischen Zukunftstraum dienen sollten, unterwegs über Bord geworfen werden. Doch die meisten von uns werden mit derselben Frage zurückgelassen, die uns wie ein Lied begleitet und sich wie Variationen über ein Thema unser ganzes Leben lang wiederholt: Wie kann ich in diesem Leben wahres und dauerhaftes Glück finden?

Wie Glück zu finden ist

Nachdem wir beide viel gesucht und an uns gearbeitet, uns gegenseitig angespornt und vorwärtsgeschubst haben, sind wir unerwartet auf etwas gestoßen, das zu einem fortwährenden Gefühl von Zufriedenheit und Wohlbefinden geführt hat – ein Zustand, der sowohl das Gefühl von Glücklichsein als auch das gesamte Spektrum der menschlichen Emotionen einschließt. Wir haben den gegenwärtigen Augenblick, das Hier und Jetzt, gefunden und dadurch auch Antwort auf jene uralte Suche nach dauerhafter Erfüllung und Zufriedenheit. Wahres und dauerhaftes Glück kann nur jetzt, in diesem Augenblick, gefunden werden.

Das Leben der meisten Menschen ist zum Teil deshalb nicht glücklich, weil sie „Glück" zu einem ersehnten Zustand ernannt haben und folglich jeden anderen Zustand ablehnen oder verurteilen. Das hält sie in der Emotion oder der Lebenssituation fest, gegen die sie sich wehren (Erstes Prinzip der Unmittelbaren Transformation).

Solange du nicht bereit bist, so zu sein, wie du bist, und zwar in jedem gegebenen Augenblick, kannst du niemals wahrhaft glücklich sein, weil Glücklichsein nur einer der vielen Gefühlszustände ist, zu deren Erfahrung Menschen fähig sind.

Wenn wir uns gegen einen Gefühlszustand wehren, der zufällig in diesem Augenblick da ist, und stattdessen einen anderen Gefühlszustand bevorzugen, wie etwa glücklich zu sein, dann stecken wir in der Emotion fest, gegen die wir uns wehren. Wie oft hast du erlebt, dass jemand vorgab, glücklich zu sein, wenn er in Wirklichkeit leidet? Über den Schmerz zu lächeln und so zu tun, als ob er nicht existiert, ist eine Form des Widerstands. Als Folge davon werden Schmerz, Traurigkeit oder Wut sich nicht nur festsetzen, sondern auch stärker werden.

Was wir damit sagen wollen, ist: Wenn du bereit dazu bist, das zu erfahren, was in diesem Augenblick in deinem Leben geschieht, so ermöglicht dies Vollendung. Wenn du zum Beispiel traurig bist und dich nicht dagegen wehrst, dich nicht bemühst, dich davon frei zu machen, und nicht versuchst, stattdessen glücklich zu sein, sondern dich einfach nur dieses Gefühl empfinden lässt, wird es sich selbst vollenden.

Dies ist ein perfektes Beispiel für die Drei Prinzipien der Unmittelbaren Transformation. Wenn du dich gegen einen Gefühlszustand wehrst, führt das dazu, dass dieser bestehen bleibt – das entspricht dem Ersten Prinzip. Als Nächstes, du kannst nicht wirklich erleben, glücklich zu sein, wenn du in Wahrheit schon traurig bist – das ist das Zweite Prinzip. Und alles, was du genauso sein lässt, wie es ist, wird sich selbst vollenden und aufhören, dein Leben zu beherrschen – so lautet das Dritte Prinzip. Einen Gefühlszustand als schlecht zu beurteilen oder als sei es falsch, ihn zu haben, lässt ihn sich festsetzen. Bewusstheit, einfaches, nicht bewertendes Sehen oder Erfahren, lässt jedoch zu, dass sich sogar die stärksten Emotionen selbst vollenden können.

Die meisten Menschen vermeiden Erfahrungen oder Gefühlszustände, die sie für negativ halten. Wenn diese „negativen" Erfahrungen oder Gefühlszustände ausgespart werden und wir so zu leben versuchen, als würden sie nicht existieren, bleiben sie weiter bestehen, und keine noch so große Leistung, kein Besitz und keine Schönheitschirurgie werden daran etwas ändern. Auf diese Weise werden wir zu Gefangenen unseres Bemühens, unangenehme Dinge in unserem Leben zu vermeiden, weil wir lieber „glücklich" sind.

Das eigentliche Wesen von wahrem Glücklichsein erwächst aus deiner Bereitschaft, das zu erfahren, was zwischen dir und dem Glück steht. Die meisten Menschen sind nicht gewillt, die Emotionen, Gedanken und Gefühle zu haben, die sie nun einmal haben; stattdessen wehren sie sich dagegen und müssen sich daher mit einem schwachen Abglanz dessen begnügen, was wahres Glücklichsein ist. Aber du kannst nicht eins sein mit dem Gefühl von Traurigkeit, um es dadurch zu überwinden, denn das ist gleichbedeutend damit, überhaupt nicht eins zu sein mit ihm. In Wirklichkeit ist das nichts anderes als das verkappte Erste Prinzip. Wenn du mit etwas eins bist mit dem Vorsatz, dem inneren Programm, dich davon zu befreien, so wehrst du dich eigentlich gegen das, was ist. Das ist nichts anderes als der Versuch, dich selbst zu manipulieren, damit du wieder das erreichen kannst, wovon dein Verstand dir sagt, dass es dich glücklich machen wird.

Bist du jemals mit einem Menschen zusammen gewesen, der wirklich traurig war? Wir sprechen hier nicht davon, dass einer herumjammert, sich selbst bemitleidet oder die Gemütsbewegung dramatisiert, damit er sie nicht wirklich erfahren muss, sondern von jemand, der es sich tatsächlich zugesteht, an die tiefe Quelle von Trauer oder Schmerz – vielleicht um den Tod eines geliebten

Menschen – zu rühren. Vielleicht bist du auch mit jemand zusammen gewesen, der dem Tod nahe war. Das Zusammensein mit jemand, der sich in diesem Zustand befindet, ist kostbar. Es ist eine lebendige Erfahrung. Sie kann heilend sein und, was erstaunlich ist, sie kann auch als schön empfunden werden. Manchmal erkennen Menschen in solchen Augenblicken plötzlich, was echte Vertrautheit bedeutet – sie entdecken ihre Fähigkeit wieder, zu lieben und Mitgefühl zu haben.

> Nur indem du so bist, wie du bist, kannst du jenen schwer fassbaren Zustand der Zufriedenheit erreichen.

7

UNBEWUSSTE LEBENSREGELN: WORMs

„WRITE ONE READ MANY“
„EINMAL SCHREIBEN, VIELE MALE LESEN“

Die Entscheidungen, die wir frühzeitig im Leben getroffen haben, bleiben oft unwidersprochen und geraten in Vergessenheit. Hast du einmal darüber nachgedacht, dass dein innerer Dialog in Wirklichkeit eine Ansammlung von alten Aufzeichnungen sein könnte, die für den gegenwärtigen Augenblick eigentlich nicht relevant sind?

Der Mensch soll pro Tag ungefähr 187.000 Gedanken haben, von denen er 98 % auch am Vortag und am vorvorigen Tag hatte. Der menschliche Geist funktioniert auf ähnliche Weise wie ein auf Playback eingestelltes Tonbandgerät, das uns mit alten Informationen versorgt, so als wären sie brandneu.

Der Kommentar über dein Leben, der sich in der Verborgenheit deiner eigenen Gedanken abspult, ist wie ein glänzendes Geldstück, das an einer Schnur hängt. Manchmal dreht sich die Schnur in die eine Richtung, und helles Licht fällt auf dein Geldstück; dann denkst du dir, dass du deine Sache nicht schlecht machst. Zu anderen Zeiten wenden sich deine Gedanken in die andere Richtung und wecken die Vorstellung, dass das, was du tust, überhaupt keinen Sinn hat, oder dass nichts, was du tust, jemals etwas ändern wird. Die meisten von uns sind von diesem sich drehenden und wendenden Geldstück wie hypnotisiert. Es gefällt uns, wenn es in die Richtung kreist, die unsere Stärken lobt, und wir beklagen die Zeiten, wenn es zu jenen alten, sich selbst abwertenden Gedanken zurückschwenkt. Wenn du auf eine wirklich befriedigende Weise leben willst, dann ist es unbedingt notwendig, dass deine Aufmerksamkeit nicht mehr auf die Verlockung des glänzenden Geldstücks, auf deinen unwiderstehlichen inneren Kommentar gelenkt wird – ob er sich nun für oder gegen deine augenblicklichen Lebensumstände ausspricht.

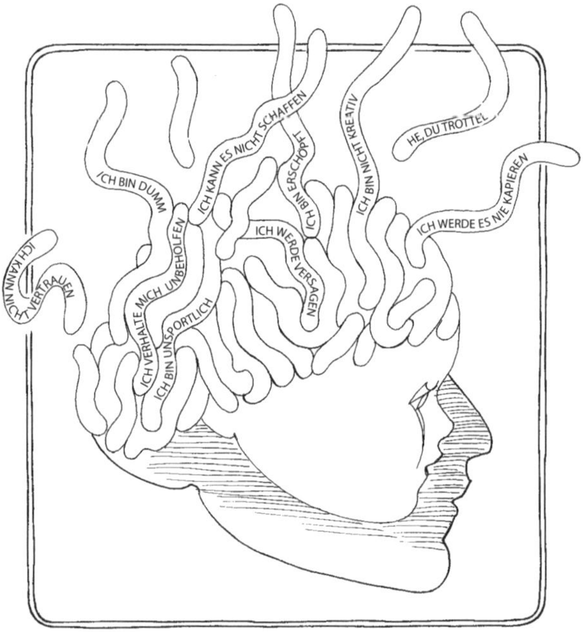

Dein Verstand arbeitet wie ein Computer. In der Computertechnik gibt es ein aus Anfangsbuchstaben zusammengesetztes Kurzwort (Akronym) für eine Art von Datenspeicher oder Suchsystem, das WORM heißt, was für *Write Once Read Many* = „einmal schreiben, viele Male lesen" steht. Mit diesem System lassen sich Informationen auf Dauer bewahren. Die Daten können nicht gelöscht und niemals verändert werden. Sie stehen dir daher zur Verfügung, und du kannst sie, als wären sie neu, so oft wie du willst lesen.

Auch unser Verstand ist voller WORMs. In Augenblicken von Stress oder Einschränkung oder in Zeiten, wenn unser Überleben bedroht scheint, treffen wir Entscheidungen, um zu vermeiden, dass sich solche Dinge wiederholen, die unserer Meinung nach die Krise verursacht haben. Entscheidungen – selbst jene, die vor langer Zeit getroffen wurden – sind in deinem Verstand auf eine Art und Weise gespeichert, dass du sie viele Male so lesen kannst, als wären sie brandneu, zutreffend für den gegenwärtigen Augenblick und auf deine jetzigen Lebensumstände anwendbar.

Wenn diese Entscheidungen einmal aufgeschrieben, das heißt, uns selbst gegenüber erklärt sind, halten wir sie mit unserem Verstand im Laufe der Zeit für die Wahrheit. Fühlt sich dann eine aktuelle Situation in unserem Umfeld ähnlich wie der Zeitpunkt an, als wir jene Entscheidung trafen, dann verschafft sich unser Verstand Zugang zu dem WORM und spielt ihn wieder ab, so als handele es sich um eine völlig neue Information.

Das folgende Beispiel zeigt, wie das funktioniert. Nehmen wir an, der kleine Willi wurde im Schulunterricht aufgerufen, um eine Frage zu beantworten. Er war der Meinung, die richtige Antwort zu kennen, doch als er sie laut aussprach, war sie falsch. Die anderen Kinder lachten, und nach Willis Meinung schien sich selbst der Lehrer über ihn lustig zu machen. Da ließ Willi die Schultern sinken, rutschte tiefer in seine Bank hinein und sagte sich …

Das ist der Anfang von einem WORM. In diesem Falle kam es dazu, als Willi nicht gefiel, was er empfand, und er außerdem das Gefühl erneuten Unbehagens vermeiden wollte. Die Logik dabei ist etwa die folgende: „Puh, das hat mir nicht gefallen. Ich möchte nicht, dass das wieder passiert. Vielleicht sage ich besser, ich weiß es nicht, selbst wenn ich es weiß. Dann muss ich nicht das Risiko eingehen, wieder ausgelacht und gedemütigt zu werden." Damit setzt Willi eine Lebensstrategie in Gang, vergisst aber, dass er diese Entscheidung getroffen hat. Als er erwachsen ist, wundert er sich dann, warum er bei geschäftlichen Sitzungen so zögerlich ist. Es frustriert ihn, dass ihm die Ideen und Antworten immer auf der Zunge zu liegen scheinen, doch andere sie stets schneller auszusprechen scheinen – und sie die Anerkennung dafür bekommen, nicht er.

Hier sind ein paar Musterbeispiele für WORMs. Sind welche von dir dabei?

- Ich will nicht, dass dies noch einmal passiert.
- Ich werde nie sein wie sie.
- Ich möchte nicht wieder so verletzbar sein.
- Ich kann Männern nicht vertrauen.
- Ich kann Frauen nicht vertrauen.
- Ich werde nie Erfolg haben, warum sollte ich es also versuchen?

- Ich bin nicht attraktiv.
- Ich habe die Nase voll von Verabredungen.
- Ich bin nicht kreativ.
- Ich bin unsportlich.
- Ich bin nicht intellektuell genug.
- Ich bin dumm.
- Ich bin erschöpft.
- Ich kann es nicht schaffen.
- Es ist schwer, an Geld zu kommen.
- Was ich auch mache, es ist nicht gut genug.
- Ich trete unbeholfen auf.
- Ich bin in praktischen Dingen nicht begabt.
- Man mag mich nicht, denn ich bin zu … unbedeutend, dick, dünn, alt, jung, arm, reich, klein, groß, ungebildet, überqualifiziert, nett, gemein usw.

Es gibt, vorsichtig geschätzt, eine Million weiterer WORMs, doch wollen wir uns auf diese kurze Aufzählung beschränken.

Manchmal sind WORMs nicht nur Denkprozesse, sondern auch Emotionen. Nehmen wir als Beispiel eine Person, die als Kind regelmäßig weinte, wenn es bei etwas „Bösem“ ertappt wurde. Weil das Kind bereits verstört war, brachten die Eltern es nicht übers Herz, es für seine Tat auch noch zu bestrafen. Auf diese Weise lernt das Kind, mit Hilfe von Tränen zu überleben. Nun ist es erwachsen, und immer dann, wenn ein Druck entsteht oder Fehler bei der Arbeit gemacht werden, treten ihm oder ihr ungebeten Tränen in die Augen. „Einmal schreiben, viele Male lesen" – oder: einmal einprogrammiert, immer wieder abgerufen. Als Erwachsene werden wir vielleicht manche dieser reflexartigen, mechanischen Verhaltensweisen nicht gerade schätzen, aber viele dieser Seins- und Beziehungsformen haben uns früher einmal, als wir jünger waren, geholfen. Sie wurden aufgezeichnet, und jetzt spielt der Verstand sie als strategische Taktik wieder ab, und unser Leben wird zu einer endlosen Wiederholung der Vergangenheit.

Wenn du einmal nichts zu tun hast oder wenn du unter Stress stehst, wird dein Verstand in Ermangelung von etwas anderem automatisch auf ein ihm vertrautes Gespräch in ungefähr der gleichen Weise zurückgreifen wie ein Computer, dessen Bildschirmschoner deinen Monitor mit Botschaften oder Bildern von fliegenden Toastern ausfüllt. Vielleicht ist die Botschaft „Ich habe immer noch Hunger!" oder „Ich kann damit nicht umgehen, ich bin raus !" ja genauso wenig aktuell oder ernst zu nehmen wie ein Toaster mit Flügeln – außer dass du vergessen hast, dass du einer alten Aufnahme zuhörst.

Allerdings wirst du leicht hinters Licht geführt. Bei einem Plattenspieler kannst du wenigstens die verräterischen Kratzgeräusche von alten Aufnahmetechniken hören. Deine eigenen, ganz persönlichen mentalen WORMs werden jedoch immer feiner und geschliffener, genau wie du selbst dich weiterentwickelst: Sie erhalten quasi einen kostenlosen Upgrade.

Hier ist ein Beispiel für einen solchen WORM, aus der Sicht von Shya erzählt.

DIE ENTSTEHUNG EINES WORM

Als ich acht Jahre alt war, verbrachte ich mehrere langweilige Nachmittage in der Kleiderfabrik meines Vaters im New Yorker „Garment District". Ich drehte lange Runden um die großen Schneidetische, fuhr mit dem Finger an ihnen entlang und hielt nach Dingen Ausschau, mit denen ich mich beschäftigen konnte. Der Zuschneider war damals William Salereno. Er schnitt gewöhnlich die Stoffe zu, aus denen dann schöne Kleider genäht wurden. Unter den Schneidetischen hatte William ein magisches Schubfach voller Ramsch – Pfeifenreiniger, Büroklammern, eine alte Briefmarke, ein oder zwei Geldstücke. Er hatte auch jede Menge Schachteln Zahnstocher. Oh, wie sehr ich ein paar davon haben wollte! Ich träumte von all den Dingen, die ich aus diesen winzigen Holzspänen fabrizieren konnte – Häuser und Züge und Rennwagen. Ich bettelte und schmeichelte, bis William mir schließlich eine kostbare Schachtel überließ. Ich ging an die Arbeit mit einer Flasche Leim und hohen Erwartungen, das Auto zu erschaffen, welches ich vor meinem geistigen Auge hatte. Einige lange frustrierende Stunden später stellte sich mein Traumauto als betrüblicher Flop heraus – plump und missgestaltet, längst nicht so, wie ich es beabsichtigt hatte.

Und hier war er, der Anfang meines eigenen, ganz persönlichen WORM: Ich war unbeholfen, in praktischen Dingen nicht begabt, ungeschickt, ein Versager und nicht in der Lage dazu, irgendetwas Nützliches zu bauen. Nach dieser völligen Niederlage warf ich alles weg, trat mit den Füßen gegen die Streben des Stuhls, auf dem ich saß, und wartete darauf, dass ein langer, sehr langer Nachmittag zu Ende gehen würde,

Heute habe ich diese Geschichte immer noch. Gemäß dem WORM bin ich immer noch unbeholfen, in praktischen Dingen nicht begabt, ungeschickt, ein Versager und nicht in der Lage dazu, irgendetwas Nützliches zu bauen. Und doch habe ich in meinen Zwanzigern als Möbeltischler gearbeitet und später mein eigenes Haus aus Baumstämmen gebaut, die ich selbst gefällt hatte. In meinem Esszimmer steht derzeit ein Tisch aus glattem altem Schwarznussholz, das ich liebevoll mit der Hand gehobelt, abgeschliffen und geformt habe, obwohl ich die Kanten mit der noch unversehrten Rinde „lebendig" gelassen habe. Die Maserung ist fein, und das gilt auch für die Art der Ausführung. Wahrscheinlich wird er noch genauso schön sein, wenn meine Enkel schon lange erwachsen sind. Gemäß dieser Story bin ich auch „nicht begabt" dafür, Köder für das Fliegenfischen zu binden. Und doch binde ich sie nicht nur leidenschaftlich gern, sondern Ariel hat auch sämtliche ihrer rekordverdächtigen Fische mit meinen Fliegen gefangen. Ja, an diesen „unbeholfenen, zu nichts zu gebrauchenden" Händen hat sie seit mehr als 25 Jahren Gefallen gefunden.

Ja, ich habe meine Story, und außerdem gibt es auch noch das Offensichtliche und Naheliegende. Seit unserer Kindheit haben wir uns selbst große und kleine Unwahrheiten erzählt. Aber zum Glück sind unsere Geschichten nichts als Altweibergespinst. Bewusstheit, sie einfach zu sehen, ohne zu bewerten, was wir sehen, ist die sanfte Brise, die sie fortschweben lässt.

DER EINSCHRÄNKENDE CHARAKTER VON WORMS

Wenn die Physiker recht haben, dann dehnt sich das Universum immer weiter aus. Wenn du daher eine Regel aufstellst, nach der du lebst, und die auf solchen WORMs beruht wie „Ich will mich nie wieder verabreden" oder „Ich will nie mehr auf Geld angewiesen sein", so muss diese einschränkend sein, selbst wenn die Grundvoraussetzung dafür vernünftig war. Dein Universum wird sich weiter ausdehnen, doch du wirst dein Leben weiter auf die willkürlichen engen Grenzen beschränkt halten, die du ihm als Kind gesetzt hast. Wenn du einfach nur nach einer Regel oder Entscheidung aus der Vergangenheit weiterlebst, ist es dir bestimmt, eine gehemmte und gefesselte Version deiner selbst zu sein.

Das ist damit vergleichbar, einen jungen Baum im Topf zu kaufen und ihn in den Wald hinauszubringen, wo der Boden fruchtbar ist und wo er genau die richtige Menge an Sonne, Regen und Wind bekommen wird. Beim Einpflanzen lässt du den Baum jedoch in seinem ursprünglichen Topf und pflanzt ihn mitsamt dem Behältnis ein. Der Topf bestimmt dann darüber, wie weit der Baum wachsen kann – und nicht der saftig grüne Wald um ihn herum. Er wirkt als Begrenzung, die festlegt, wie tief seine Wurzeln reichen und wie hoch daher seine Äste klettern können.

Der Topf, deine Entscheidungen, hemmt nach Kräften deine Fähigkeit zu wachsen; wie in einem zu kleinen Topf fehlen dir die Entwicklungsmöglichkeiten, dein Leben stagniert.

Es ist wichtig, zwischen Entscheiden und Wählen zu differenzieren. Halte dich bitte nicht an den Worten fest, die hier verwendet werden. Wir wollen die Leser dieses Buches nicht dazu veranlassen, ihre Sprache zu manipulieren und nach einem neuen und verbesserten System zu sprechen, wonach es besser ist, das Wort *Wahl* als das Wort *Entscheidung* zu verwenden. Achte vielmehr darauf, ob du den Unterschied zwischen beidem verstehst, damit du in deinem Leben dazu befähigt wirst. Dies mag anfangs etwas verwirrend sein und scheint sich hauptsächlich um eine semantische Übung zu handeln. Der Wesensunterschied zwischen dem, was wir als Entscheidung und dem, was wir als Wahl bezeichnen, enthält aber vielleicht den Schlüssel, mit dem du Unmittelbare Transformation und wahre Erfüllung entdecken kannst.

8

ENTSCHEIDUNGEN KONTRA WAHLMÖGLICHKEITEN

Wir wollen nun die Unterschiede zwischen Entscheiden und Wählen betrachten. Eine Entscheidung wird vom Intellekt her bestimmt und wird vor allem durch einen logischen Denkprozess getroffen. Eine Wahl (die erst *nach* logischen Erwägungen getroffen wird) spiegelt dagegen deine tiefempfundenen Sehnsüchte und echten Wünsche wider. Mit anderen Worten, wenn du etwas entscheidest, dann wägst du das Für und Wider ab und machst im Grunde genommen zwei Spalten, in denen du die Argumente für und gegen eine Handlung addierst. Der vorgegebene Weg, den du einschlägst, hängt davon ab, was mehr Gewicht bekommt.

Eine Wahl jedoch zieht zwar jedes Für und Wider in Betracht, doch sobald du alle Informationen untersucht hast, berücksichtigt sie auch intuitive Sprünge, tiefempfundene Regungen und schöpferische Alternativen, auf die du durch bloße Analyse von Tatsachen und einfache deduktive Argumentation vermutlich nicht gekommen wärest. Eine Entscheidung ist vernünftig, während eine Wahl Logik zwar einschließt, aber nicht ausschließlich auf Vernunftgründen beruht.

DIE ÜBERLEBENSSTRATEGIE EINES EICHHÖRNCHENS

> Eine Wahl ist eine Äußerung deines Herzens.
> Eine Entscheidung ist der Auftrag eines WORM.

Die Entscheidungen, die wir treffen und die wir befolgen, werden bestenfalls von einer jüngeren und unentwickelteren Version von uns selbst beschlossen. Würdest du im Ernst ein zwei- oder dreijähriges Kind fragen, was du mit deinem Leben anfangen sollst, und dann den Rest deines Lebens gestützt auf diesen Ratschlag weiterleben? Doch genau das haben viele von uns im Wesentlichen gemacht. Wir leben aus den Entscheidungen heraus, zu denen unser Gehirn gelangte, als wir noch sehr jung waren.

Damit verhält es sich etwa so wie mit einem Eichhörnchen, das mitten auf der Straße von einem rasch näherkommenden Fahrzeug überrascht wird. Es weiß nicht, in welche Richtung es sich in Sicherheit bringen soll; zu Tode erschrocken, trippelt es aufgeregt hin und her, völlig konfus, mit ruckartigen kleinen Bewegungen und einem tüchtigen Adrenalinstoß. Zum Glück will es der Zufall, dass das Eichhörnchen nicht von dem Auto oder Lastwagen zermalmt wird. Nun aber hat es sein Verhalten als Überlebensstrategie registriert. Das Eichhörnchen ist nur zufällig nicht überfahren worden. Sein Leben wurde gerettet, obwohl es auf der Fahrbahn blieb. Unser Verstand arbeitet auf dieselbe Art und Weise. Er zeichnet alle Daten auf, auch die vom Zufall bestimmten Informationen, wobei er manchmal beides miteinander verknüpft. In der Regel erkennen wir nicht, dass wir trotz der uns selbst abwertenden Denkmuster und unserer Selbstvorwürfe, die wir irrtümlich als einen wesentlichen Faktor für unser Überleben registriert haben, unsere Ziele erreichen und im Leben vorwärtskommen.

Du könntest nun die Frage stellen: „Werden denn alle Entscheidungen in einem Augenblick der Kontraktion getroffen?" Die Antwort lautet „Ja". Nehmen wir einmal an, du machst etwas „richtig" und erhältst dafür eine Belohnung oder Anerkennung. Während du dich in dem guten Gefühl sonnst, sagst du dir: „Mann, das hat ja wirklich gut geklappt. Das werde ich weiter so machen!" Diese Entscheidung beruht jedoch auf der Vorstellung, dass du dir selbst nicht zutrauen kannst, auch in Zukunft die richtige Wahl zu treffen, die wieder gute Gefühle auslösen wird. Der Verstand möchte systematisch ordnen, was du seiner Meinung nach richtig oder falsch gemacht hast, um damit dein Überleben zu sichern. Vielleicht mag diese Überlebensstrategie die meiste Zeit über ja begründet sein, aber wenn du alles nur rein mechanisch machst, wirst du früher oder später in Schwierigkeiten kommen. Selbst „gute" Schritte zu wiederholen wird mühsam, weil es die Möglichkeit von neuen, kreativen Lösungen verhindert und uns in eine alte Verhaltensweise einsperrt.

Wie erkennt man also, wann eine scheinbar aus dem Augenblick getroffene Wahl nur ein alter WORM ist? Es gibt einige verräterische Zeichen, die dir helfen, den Unterschied zu erkennen, wann du dich auf authentische Weise selbst äußerst oder wann du in der Rille eines alten Liedes festhängst – aber vielleicht nicht gerade eines Lieblingsliedes.

Es ist schon höchst merkwürdig: Manchmal mag das, wofür du dich entscheidest, und das, was du wählen würdest, dasselbe sein. Es gibt jedoch einen gewaltigen Unterschied in der Erfahrung von Zufriedenheit, die von dem Weg abhängt, den du zu deinem Endziel einschlägst.

Du kannst diesen Unterschied wirklich daran erkennen, wie zwei Menschen ihre Ziele angehen. Die eine Person hat entschieden, dass ihr jetziges Leben nicht gut genug sei; sie will sich einen anderen Job suchen, eine neue Beziehung eingehen oder etwas kaufen, um das Problem beizulegen. Dieses Bezugssystem orientiert sich an einem Problem und seiner Lösung und führt nicht zu der Zufriedenheit, die aus Unmittelbarer Transformation erwächst und daraus, in diesem gegenwärtigen Augenblick des Jetzt zu leben. Wenn diese Person ein Ziel erreicht, wird sie vielleicht ein momentanes Triumphgefühl haben, doch in einem verborgenen Winkel lauert immer noch die Unzufriedenheit. Dann kommen die Wenns und Abers und die Selbstzweifel, und wenn sich der Druck des Lebens wieder aufbaut, beginnt das ganze Verhaltensmuster von neuem.

Die zweite Person wird vielleicht die gleichen Ziele wie die erste haben. Doch selbst wenn sie ähnliche Schritte dafür unternimmt – wenn sie nicht aus dem Kontext heraus handelt, dass mit ihr etwas nicht stimmt oder dass ihr etwas fehlt, dann kann jeder Schritt der Reise schon an und für sich erfüllend und spannend sein. Wenn diese zweite Person ein Ziel erreicht, dann ist dies lediglich eine Ausdehnung der tiefen Zufriedenheit, die sie im Leben bereits erfährt.

Ein weiteres Indiz dafür, sich in den Fängen eines WORM zu befinden, ist etwas, das man als „Déjà-vu-Faktor“ bezeichnen könnte. Dieses Gefühl bekommst du, wenn dir etwas auf der Zunge liegt, was dich, wenn du es sagst, in einen Konflikt bringen wird, du aber scheinbar nichts daran ändern kannst. Oder wenn du über etwas oder jemand in deinem gegenwärtigen Umfeld aufgebracht bist, es sich aber um das gleiche alte Gefühl handelt, das du schon viele, viele Male vorher gehabt hast.

Wenn du einen wichtigen Schritt in deinem Leben machst und ihn verteidigst, kannst du sicher sein, dass irgendwo eine Entscheidung daran beteiligt ist. Eine Wahl lässt sich nicht verteidigen. Wie kannst du intuitive Ahnungen oder etwas, das du in deinem Herzen weißt, ausreichend erklären oder beweisen?

Wie werden wir also die WORMs wieder los, die wir selbst geschaffen haben? Die gute und gleichzeitig schlechte Nachricht lautet: Das können wir nicht. Vergiss nicht, dass WORM für *Write Once Read Many* = „einmal schreiben, viele Male lesen" steht. Diese Entscheidungen sind festgeschrieben und stehen zur Verfügung, um für immer gelesen zu werden. Du kannst sie jedoch umgehen, und Bewusstheit ist der Schlüssel dafür. Wenn du dein Verhalten wie ein moderner Anthropologe zur Kenntnis nimmst, wird es dir möglich, dich von alten Entscheidungen frei zu machen. Dies erfordert neutrale Beobachtung, ohne dich für etwas, das du wahrnimmst, zu bestrafen, zu tadeln oder auch zu beglückwünschen.

> Wenn du deine Gedanken beobachtest, ohne zu bewerten, was du siehst, dann ist das ausreichend, um den mechanischen Charakter deines Lebens aufzulösen.

Um es zusammenzufassen, grundsätzlich kannst du zwischen zwei Möglichkeiten wählen: entweder aufgrund von alten Entscheidungen zu handeln oder dein Leben mit neuen Augen zu betrachten und zu sehen, was du aus ganzem Herzen und deiner inneren Wahrheit anstatt aus einer alten Lebensplanung heraus tun möchtest. Mach dir keine Gedanken, ob du in der Vergangenheit Entscheidungen oder eher eine Wahl getroffen hast. Jeder von uns hat seinen Anteil an beidem. Nachträglich anzuzweifeln, was du getan hast, kann leicht zur Entstehung einer neuen Reihe von Entscheidungen führen.

Nachdem du dieses Kapitel gelesen hast, könntest du in der Tat entscheiden, keine Entscheidungen mehr zu treffen – du wirst nur noch eine Wahl treffen, weil eine Wahl besser ist. Oh ja, der Verstand arbeitet mit allen Tricks.

DIE GRÜNEREN WEIDEN

Wir sahen einmal eine Ziege, die hinausgebracht worden war, um auf einer saftigen Weide zu grasen. Das Gras war hoch und es gab reichlich Futter, doch die Ziege war nicht zufrieden damit. Es sah lustig aus, wie sie sich abmühte, um auf die nebenan liegende Weide zu gelangen. Ihre Vorderbeine schwebten frei in der Luft und hingen über den Zaun, während sie sich vergeblich nach einem verlockenden Bissen Grün reckte, der gerade außerhalb ihrer Reichweite lag. Natürlich war das Gras auf der Weide nebenan keineswegs üppiger oder höher oder saftiger, aber sag das mal der Geiß!

Und nach welchen Weiden reckst du dich? Die meisten Menschen bemühen sich angestrengt um etwas, das sie ihrer Meinung nach glücklich oder zufrieden machen wird, und recken sich nach etwas Besserem oder anderem. Das Problem dabei ist nur, dass es immer irgendetwas anderes gibt, das gekauft oder produziert werden muss, damit du glücklich oder zufrieden sein kannst. In Wahrheit kannst du in diesem Augenblick nur das haben, was du hast. Alles, nach dem du dich sehnst, beraubt dich der Möglichkeit, dich am Reichtum deines Lebens zu erfreuen.

Die Menschen werden derart von dem getrieben, was sie anstreben, dass sie ihr Leben verpassen. Du magst dich im Augenblick vielleicht tatsächlich beeilen, dieses Buch zu Ende zu lesen, und dabei versuchen, dir irgendeine Frage zu beantworten oder irgendeine Agenda zu erfüllen. Doch während du dich nach Kräften bemühst, von dem Geschriebenen zu profitieren, bist du im Augenblick tatsächlich beim Lesen nicht ganz bei der Sache.

Viele von uns leben ihr Leben so, als würden sie durch das Teleobjektiv einer Kamera blicken. Ein Teleobjektiv ist auf ein Objekt in der Ferne fokussiert und schließt alles aus, was sich am Rande dieses Objektes befindet. Somit übersiehst du alles, was um dich herum vorgeht. Unmittelbare Transformation entspricht eher einem Weitwinkelobjektiv. Dieses behält alles im Fokus, ob es nun ganz nah oder weit entfernt ist, und das, was du siehst, besitzt Dreidimensionalität und Tiefe. Das Teleobjektiv lässt die Dinge dagegen weitaus mehr zweidimensional oder flach werden; du verlierst die Tiefenschärfe. Wenn Menschen ganz damit beschäftigt sind, eine Veränderung durchzuführen, ärgern sie sich, wenn sich ungebetene Dinge in den Ablauf „hineindrängen“ und den Fluss bei dem stören, was sie ansteuern. Bei einer transformativen Herangehensweise wird das Leben zu einem Tanz, das zur Kenntnis zu nehmen, was ist, anstatt zu einer angespannten Erfahrung, bei der wir versuchen, alles fernzuhalten und auszuschließen, was nicht auf dem richtigen Weg zu liegen scheint, um die Dinge herbeizuführen, die wir in Zukunft haben wollen, weil wir meinen, dass sie uns glücklich machen oder Erfüllung schenken.

Man könnte sagen, dass das Leben ein Sichentfalten von Augenblick zu Augenblick ist. Wir haben Vorlieben, die häufig nicht mit dem übereinstimmen, wie sich das Leben entfaltet, weil wir lieber versuchen, irgendwo anders hinzukommen, als da zu sein, wo wir sind. Wir meinen, dass sich noch etwas Besseres einstellen wird, das jetzt nicht da ist – während doch tatsächlich dieser Augenblick alles ist. *Dieser gegenwärtige Augenblick ist es.*

Die Menschen sind derart damit beschäftigt, sich Sorgen um das zu machen, was sie nicht haben oder wie es in Zukunft damit aussehen wird, dass sie es sich kaum gönnen, etwas wirklich zu genießen und sich daran zu erfreuen, wie die Dinge gerade jetzt sind. Das Leben wird zu einer ständigen Sorge um das, was nicht ist, anstatt zu einem genussvollen Zelebrieren dessen, was ist. Denn wenn wir, so wie die Ziege, unsere Energie nur so investieren, das zu wollen, was wir nicht haben, und es uns nach quälenden Zielen verlangt, die gegenwärtig außerhalb unserer Reichweite liegen, dann wird Zufriedenheit für ein fiktives „Irgendwann" aufgegeben, das niemals eintritt.

ZIELE ERREICHEN UND ZUFRIEDENHEIT FINDEN

Manche Menschen warten darauf, durch einen blendenden Blitz der Einsicht oder vielleicht auf einer weniger esoterischen Ebene durch einen Lottogewinn aus ihrem augenblicklichen Zustand oder ihren jetzigen Lebensumständen erlöst zu werden. Sie möchten zu dem aufsteigen, was es nach ihrer Vorstellung bedeutet, es zu etwas gebracht zu haben, zu Erfolg gelangt und wirklich erwachsen zu sein. Im spirituellen Jargon bedeutet dies, das Gefühl zu haben, dass wir schon jetzt gerne „erleuchtet" wären und nichts uns je dazu veranlassen sollte, nicht mehr in unserer Mitte zu ruhen, uns aufzuregen oder wieder krank zu werden. In Wahrheit ist Zufriedenheit jedoch nicht durch äußere Umstände bedingt.

Die Leute sind der irrigen Meinung, dass sie dann zufrieden sein würden, wenn sie nur völlig gesund wären oder den richtigen Job, den richtigen Freund bzw. die richtige Freundin, das richtige Spielzeug hätten. Doch es gibt Ärzte, für die es langweilig und frustrierend ist, als Arzt zu praktizieren. Es gibt Lehrer, die nur darauf warten, in den Ruhestand zu gehen. Es gibt Menschen, die alles haben, was man mit Geld kaufen kann, doch sich an ihrem ganzen Kram nicht freuen können. Andere sind überzeugt davon, den besonderen „Jemand" gefunden zu haben – und doch kann nicht einmal die Liebe eines anderen die Leere ausfüllen.

Wenn du zufrieden bist, dann bringst du deine Zufriedenheit in den Augenblick hinein und erfüllst deine Lebensumstände damit. Wenn du jedoch unzufrieden bist, dann kann niemand und nichts dir Zufriedenheit bereiten. Wenn du darauf hörst, was dein innerer Kommentar dir über deine Neigungen und Abneigungen sagt, wird dich dies an der Erfahrung eines zufriedenen Lebens hindern. Im *Hsin-hsin-ming**, das vor 1400 Jahren von Seng-tsan, dem dritten Zen-Patriarchen, verfasst wurde, heißt es: „Der Gegensatz zwischen dem, was du magst, und dem, was du nicht magst, ist die Krankheit des Geistes."

> Die meisten von uns leben in einem Zustand,
> in dem sie sich ständig über etwas beklagen.

Immer wenn du deine gegenwärtigen Lebensumstände mit dem vergleichst, wie dein Leben lieber aussehen sollte, führt dies stets zu demselben Ergebnis: Unzufriedenheit. Die Menschen haben sich nicht klargemacht, dass das, was in ihrem Leben in jedem einzelnen Augenblick vorgeht, wirklich und wahrhaftig die einzige Möglichkeit ist, wie ihr Leben sich zeigen könnte. Wir können Vorlieben haben, aber es kommt selten vor, dass unsere Vorlieben mit unseren gegenwärtigen Erfahrungen übereinstimmen. Mit

* Anm. d. Übs.: *Hsin-hsin-ming,* japan. *Shinjimei* – „Über den Glauben an den Wahren Geist", ein berühmtes buddhistisches Lehrgedicht, das gegen Ende des 6. Jahrhunderts in China entstanden ist.

anderen Worten, wenn du das, was gegenwärtig ist, mit dem vergleichst, wie du es lieber hättest, dann beraubst du dich jeder Möglichkeit zur Zufriedenheit. Das ist so ähnlich, wie dir zu wünschen, deinem Auto würden Flügel wachsen und es würde dich zu einem Urlaub nach Amerika fliegen. Für diese Funktion ist ein Auto nicht konstruiert und wird es auch durch Wünschen nicht.

Wie oft lassen wir Arbeiten ungetan, bloß weil wir sie nicht gerne tun, werden dann aber die ganze Zeit über von diesen unvollendeten Dingen verfolgt? Wie oft wird unser Schlaf gestört durch Gedanken an unvollendete Projekte oder an Dinge, die sich ereigneten und uns nicht passten?

Unser inneres Gespräch oder der Dialog, die Stimme, der wir zuhören, mit der wir unseren Namen verbinden und von der wir glauben, dass wir es selbst sind, beklagt sich ständig und meckert darüber, wie falsch das ist, was sich in unserem Leben abspielt – und wie es anders oder besser sein sollte, als es ist. Diese gewohnheitsmäßige Art des Umgangs mit unserem Leben ist von Generation zu Generation an uns weitergegeben worden. Schon als Kleinkinder haben wir gelernt, die Kultur zu übernehmen, in der wir uns befanden. Darum haben diejenigen, die in Bayern aufgewachsen sind, einen süddeutschen Akzent, und diejenigen, die aus Schleswig-Holstein srammen, klingen wie ein „Nordlicht".

Spiritualität existiert in allen Aspekten unseres Lebens, wenn wir dieses direkt erfahren – und nicht durch den Filter unserer kulturellen Prägung, unserer Beurteilungen, inneren Programme oder Denkprozesse. Du kannst immer nur eine Sache auf einmal tun. Du kannst entweder darüber nachdenken, was in deinem Leben geschieht, oder du kannst, von Augenblick zu Augenblick, unmittelbar erfahren, was in deinem Leben geschieht. Das heißt nicht, dass wir aufhören zu denken. Es bedeutet vielmehr, dass die Stimme, die urteilt, bewertet und einschätzt, wie du deine Sache machst, in den Hintergrund tritt und nicht mehr dein Leben beherrscht.

Wir sagen deshalb, dass die Arbeit an dir selbst nichts bringt, weil dieser Prozess niemals aufhört. Wenn du an dir selbst arbeitest, gehst du von der Voraussetzung aus, dass etwas mit dir nicht stimmt und in Ordnung gebracht werden muss. Du kannst aber nie genügend an dir herumbessern, um dich gut mit dir selbst zu fühlen. Es wird immer etwas anderes geben, womit du dich vergleichst, und dabei wirst du stets den Kürzeren ziehen. Wenn du jedoch entdeckst, so damit zufrieden zu sein, wie du bist, dann wirst du ein großartiges Leben haben. Und wenn du, entgegen der herkömmlichen Meinung, damit zufrieden bist, wer du bist, befähigt dich das dazu, dich weiterzuentwickeln, ohne selbstgefällig zu werden.

Wenn du entdcckst, wie du in den gegenwärtigen Augenblick hineingelangen und darin leben kannst, führt dies zu Zufriedenheit und Wohlbefinden. Es geht darum, deine Aufmerksamkeit weg von dir selbst als Problem umzulenken und dich ganz auf die Anforderungen einzulassen, die das Leben an dich stellt. Es geht auch darum zu entdecken, wie du „Ja" zu dem sagen kannst, was jetzt, in diesem Augenblick, in deinem Leben geschieht. Das ist Unmittelbare Transformation.

Erleuchtung, Zufriedenheit, Erwachen ereignet sich dann, wenn du so mit deinem Leben umgehst, als wäre das, was du tust, genau das, was du tun solltest, und als wäre deine Situation genauso, wie sie sein sollte, anstatt dich über dein Leben zu beklagen. Dieser Zustand der Erleuchtung ist nicht schwer erreichbar. Er verlangt, dass du ganz im Hier und Jetzt bist. Das ist einfach, täuschend einfach, so einfach, dass es schwer sein kann, es zu verstehen.

Du kannst genau in diesem Augenblick, in deiner gegenwärtigen Lebenssituation, die Entdeckung machen, dass dein Seinszustand bereits erleuchtet ist. In der Tat ist es nur möglich, die Erleuchtung in deiner gegenwärtigen Situation zu realisieren, die du in diesem Augenblick erlebst.

SICH GANZ AUF DEN AUGENBLICK EINLASSEN

Wie lebt man nun sein Leben direkt und unmittelbar? Wie wird man zufrieden? Nun, hier kommt ein Tipp: Dich auf jede Aktivität so vollständig einzulassen, wie du es kannst, ist der Anfang. Wenn du Geschirr spülst und feststellst, dass du dabei im Geiste Selbstgespräche darüber führst, ob du das, was du gerade tust, tun willst oder nicht, so ist dies ein Anhaltspunkt dafür, dass du dich nicht voll und ganz darauf eingelassen hast.

Und das ist das Verzwickte daran: Wenn du mit deinen Gedanken woanders bist oder dich beklagst, dann kannst du in diesem Augenblick nichts anderes tun (Zweites Prinzip der Unmittelbaren Transformation). *Das ist* dann dein Augenblick. Mit Bewusstheit (einem nicht beurteilenden, unvoreingenommenen Sehen dessen, was ist – Drittes Prinzip) wird sich jedoch das Gespräch, dem du zuhörst, selbst vollenden, oder es wird dir gelingen, dich vorsätzlich davon zu befreien und deine Energie umzulenken.

Wenn du dein Leben direkt lebst, besteht eine der positiven Begleiterscheinungen darin, dass relativ alltägliche Handlungen ein Gefühl von Fülle bekommen. Deine Handlungen werden angemessen und beruhen nicht mehr auf früheren Entscheidungen oder inneren Programmen. Innere Programme sind solche Vorstellungen, die wir darüber haben, was uns in Zukunft Erfüllung bringen oder Zufriedenheit herbeiführen wird. Sämtliche inneren Programme gehen aus dem hervor, was wir schon kennen.

Sie kommen von dem, was die Gesellschaft für wahr hält (oder dem Widerstand gegen die Gesellschaft), und nicht aus deiner Erfahrung dessen, was dir tatsächlich Erfüllung gibt. Daher kann Erfüllung oder Zufriedenheit niemals dadurch gefunden werden, dass du diese inneren Programme abarbeitest – wenn du nicht schon zufrieden bist. Wahre Zufriedenheit erwächst daraus, dass du dein Leben direkt und unmittelbar lebst und nicht, indem du beurteilst, wie du deine Sache machst.

Dein Leben direkt zu leben schließt deine inneren Programme und deine Ziele ein, aber es geht nicht mehr lediglich darum, sich anzutreiben, um sie zu erreichen. Zum Beispiel hast du vielleicht das Ziel, körperlich fit zu sein, und planst ein regelmäßiges Training im Fitnesscenter, um dich in diesem Vorhaben zu unterstützen. Leute, die mit der Absicht Sport treiben, bei jeder Übung, die sie ausführen, die Reinheit der Bewegung und ihre optimale Form zu erfahren, werden mit einem Gefühl der Belebung aus dieser Erfahrung hervorgehen. Gleichzeitig werden sie auch Fortschritte darin machen, körperlich fit zu sein. Leute, die dagegen in den Spiegel gucken und sich über das beklagen, was sie sehen, die deshalb Sport treiben, damit eines Tages alles wieder in Ordnung mit ihnen ist, bekräftigen unbeabsichtigt die bekannte Geschichte, dass mit ihnen etwas nicht stimmt; und selbst dann, wenn sie ihr Ziel erreichen, bleibt ihr Gefühl bestehen, nicht in Ordnung zu sein.

> Widerstand gegenüber deinen Lebensumständen lässt Unzufriedenheit fortbestehen und erzeugt Schmerz.

Dein Leben anzunehmen, es zuzulassen und so mit ihm umzugehen, als wäre es genauso, wie es sein sollte, ohne dich ins Unrecht (oder ins Recht) zu setzen für das, was du dabei entdeckst, ist der

Weg zur Selbst-Verwirklichung. Der Weg zur Erleuchtung liegt darin, dir selbst gegenüber ganz ehrlich die Methoden aufzudecken, wie du auf unbewusst mechanische Weise mit deinem Leben verfährst – ohne dass du versuchst, etwas dagegen zu unternehmen oder es zu verändern. „Was?“, könntest du nun vielleicht sagen, „es nicht verändern?“ Ja, denn Selbst-Verwirklichung beruht auf Bewusstheit und nicht auf einem Bezugssystem, das sich an einem Problem und seiner Lösung orientiert.

Wie wir bereits gesagt haben, ist Bewusstheit ein Zustand des Seins, nicht des Tuns. Wenn du dir eines Verhaltensmusters bewusst wirst, dann genügt die einfache Bewusstheit dieses Musters, dass du dich selbst in diesem Muster sein lässt und dieses Muster sich selbst vollenden lässt, damit es sich transformiert (Drittes Prinzip der Unmittelbaren Transformation). Wenn du etwas unternimmst, um das Muster zu verändern, wird dies es fortbestehen lassen (Erstes Prinzip).

Wir wollen damit nicht den Eindruck erwecken, dass es keine Dinge gibt, die in unserem Alltagsleben erledigt werden müssen. Bewusstheit kann – und muss in vielen Fällen – Tun einschließen. Dieser Gedanke wird in der Geschichte von einem Meister und seinem Schüler veranschaulicht, die unterwegs durch die Wüste waren. Eines Abends gelangten sie zu einer Oase, wo sie sich ihr Lager für die Nacht bereiteten. Als sie am Morgen erwachten, waren ihre Kamele verschwunden. Da der Schüler die Verantwortung dafür trug, die Kamele jede Nacht anzubinden, fragte der Meister ihn, ob er sie während der Nacht sicher festgemacht habe. Der Schüler antwortete: „Nein, Meister. Du lehrst, dass wir auf Allah vertrauen sollen. Ich habe darauf vertraut, dass Allah für uns auf die Kamele aufpassen würde.“ Darauf erwiderte der Meister: „Ja, vertraue auf Allah, aber du musst auch die Kamele anbinden.“

Wenn du bewusst bist, handelst du angemessen und tust das, was gebraucht und gewünscht wird. Diese Handlungen gehen nicht aus einer Entscheidung hervor, es richtig zu machen. Sie spiegeln nicht deinen Vorsatz wider, „es beim nächsten Mal besser zu machen". Deine Handlungen, die Dinge, die du tust, werden vielmehr zu authentischen Äußerungen deines Wahren Selbst, anstatt etwas auszuführen, wofür du dich entschieden hast, um ein „besserer" Mensch zu werden. Eine Entscheidung zu treffen ist ähnlich, wie „todsicher" recht zu haben – beides tötet die Alternativen ab.

Bewusstheit führt dazu, dass sich Dinge selbst vervollkommnen und auslöschen, da Bewusstheit nicht beurteilt und nichts bevorzugt. Auch Seng-tsan, der Verfasser des *Hsin-hsin-ming,* hat dasselbe gesagt: „Der Große Weg ist gar nicht schwer für den, der keine Vorlieben hat." Genau diese Vorlieben kommen dann ins Spiel, wenn die Dinge nicht so laufen, wie sie es deiner Meinung nach tun sollten. Wenn du daran festhältst, im Recht mit dem zu sein, was du bevorzugst, dann erzeugst du Schmerz und Unzufriedenheit, und jegliche Kreativität kommt zum Stillstand. Stelle einfach fest, dass die Dinge anders sind, als es dir lieber wäre – und schon ist der Weg wieder offen. Und, um es noch einmal zu wiederholen, Akzeptanz führt nicht zu Passivität. Vielmehr befähigt sie den Einzelnen dazu, angemessen statt automatisch zu reagieren: echte Entscheidungen über das Leben zu treffen, die auf dem beruhen, was tatsächlich stattfindet, anstelle von Entscheidungen, die auf alten Erfolgen und Misserfolgen beruhen. Es stimmt zwar, dass die heutige Zeit Herausforderungen und Veränderungen mit sich bringt, die unsere Vorfahren nie in Betracht zu ziehen hatten; es stimmt aber auch, dass manche Ideen den Prüfstein der Zeit überdauern können.

Der Große Weg ist gar nicht schwer
für den, der keine Vorlieben hat.
Wenn es weder Mögen noch Nicht-Mögen gibt,
wird alles klar und wolkenlos.
Triffst du jedoch die geringste Unterscheidung,
klaffen Himmel und Erde unendlich weit auseinander.
Wenn du die Wahrheit erkennen willst,
dann sei weder für noch gegen etwas.
Der Gegensatz zwischen dem, was du magst,
und dem, was du nicht magst,
ist die Krankheit des Geistes.

Seng-tsan, *Hsin-hsin-ming*

REGISTER

ÜBER DIE AUTOREN

Seit 1987 wirken Ariel und Shya Kane, preisgekrönte und international anerkannte Autoren, Seminarleiter und Firmenberater, als erfahrene Wegbegleiter, die Menschen durch den Sumpf des Verstandes in die Klarheit und Brillanz des Augenblicks führen. Die transformative Herangehensweise der Kanes besitzt eine einzigartige Qualität, die auf moderne Verhältnisse und Komplexitäten zugeschnitten ist und gleichzeitig in Resonanz mit den universellen Wahrheiten aller Zeiten steht.

Kontakt zu den Kanes:
Wenn du mehr über die Kanes erfahren oder dich zu Ariels und Shyas Podcasts oder monatlich erscheinendem Newsletter anmelden möchtest, dann informiere dich über ihre Webseite (auch in Deutsch) unter:

www.TransformationMadeEasy.com
oder:
www.Unmittelbare-Transformation.de

Kommentare zu Ariel & Shya Kanes Buch
Lebe im Augenblick! – verwandeln statt verändern: Die Erfahrung der Unmittelbaren Transformation

„Ich empfehle dieses Buch nachdrücklich. Ariel & Shya Kane sind äußerst geschickte, erfahrene Reisebegleiter, die den Weg zur Klarheit des Augenblicks weisen. Sie sind führend auf dem Gebiet der persönlichen Transformation und haben jedem, der sich ein sinnvolleres und erfüllenderes Leben wünscht, viel zu bieten,"
Paul English, Verleger, *New York Spirit* Magazine

„Als Physiker weiß ich nicht, wie sie es anstellen. Doch mein Leben hat dadurch eine Transformation erfahren, dass ich Kontakt zu den Kanes habe. Als schwierige Lebensumstände auftraten – Prostatakrebs, Invalidität meines Sohnes durch einen Hirntumor, Arbeitslosigkeit aufgrund von Stellenabbau –, ist es mir gelungen, kein Opfer zu werden, sondern zentriert zu bleiben und mich auf mein Leben einzulassen."
Wiliam R. Ellis, Ph. D., Vice President
Advanced Technology, Raytheon Company

„In einem Zeitalter der technologischen Revolutionen, die großen Einfluss darauf haben, wie wir arbeiten und kommunizieren, schaffen die Kanes eine Revolution darin, wie wir leben."
Andrew Gideon, Vice President, TAG Online, Inc.

„Höchst empfehlenswert. Eine glatte Note 1. Ein Muss in der Bibliothek eines jeden Wahrheitssuchers!"
Awareness Magazine

„Ariel und Shya Kane lehren das Rüstzeug dafür, um im Augenblick zu leben und die reflexartigen Verhaltensmechanismen rückgängig zu machen, die uns dabei im Wege stehen, das Leben mit Leichtigkeit zu leben."

Time Out New York

„Lass dich von dem Titel nicht in die Irre führen. *Working on Yourself Doesn't Work (Anm. d. Übs.: amerikanischer Originaltitel, wörtlich „An dir zu arbeiten funktioniert nicht")* handelt nicht von der Nutzlosigkeit der Selbstverbesserung, sondern vielmehr von der Mühelosigkeit der Transformation … Ein einfaches, leicht lesbares Buch mit einer wertvollen Botschaft, die dich durch den Sumpf des Verstandes in die Klarheit und Brillanz des Augenblicks führen kann."

Whole Life Times Magazine

„Dieses warmherzige, leicht zugängliche Buch wird deine Transformation erhellen und freundschaftlich unterstützen."

Personal Transformation Magazine

„Dieses Buch musst du gelesen haben. Es gehört zu denen, die in deinem Bücherregal stehen müssen, damit du es mit deinen Freunden teilen kannst."

To Your Health Magazine

„Ariel und Shya Kane lassen auf Worte tatsächlich Taten folgen … Dieses einfache, doch tiefgründige Buch lehrt uns, wie wir im Augenblick leben können. *Working on Yourself Doesn't Work* ist erfrischend und echt, aufrichtig und authentisch, und es ist voller Einsicht und Klarheit geschrieben."

Dr. Maryel McKinley

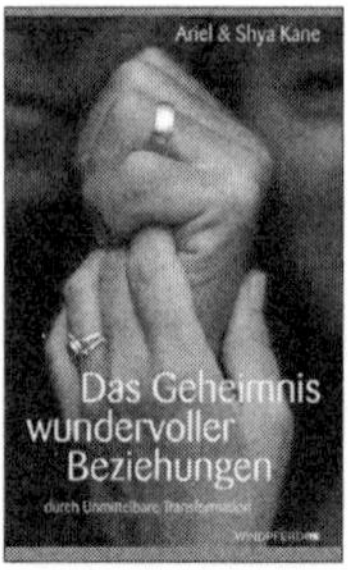

Ariel & Shya Kane

Das Geheimnis wundervoller Beziehungen

durch unmittelbare Transformation

Erfüllende Beziehungen sind nicht das Ergebnis harter Arbeit. Jede Form der Begegnung kann ein intensives Erlebnis, frei von Konflikten sein. Dabei entfaltet sich unmittelbar ein Potential an intelligenter und kreativer Kraft: Daraus entstehen wundervolle, beglückende Begegnungen und Beziehungen.

208 Seiten · ISBN 978-3-89385-643-5

Ariel & Shya Kane

SEIN – Die Kraft des Augenblicks

Durch die Unmittelbare Transformation das Leben mit neuen Augen sehen – Geschichten mit erleuchtender Wirkung

Erkenntnisse und Einsichten, verpackt in Geschichten zum Lachen, Weinen, Mitfühlen und einfach nur Mensch sein. Ein herzerfrischendes Buch über die Kraft des Augenblicks, und wie er uns zur Unmittelbaren Transformation aller Probleme führt.

184 Seiten · ISBN 978-3-89385-645-9

David Richo

Reif werden füreinander

Wie man in Beziehungen erwachsen wird

In diesem Handbuch für authentische Beziehungen, zeigt Richo, wie jeder mittels Achtsamkeit und Präsenz die Wahrheit über seine eigene innere Beziehungshaltung erkennen, sie annehmen und, wenn nötig, auch verändern kann, um eine erfüllte Form der Liebe zu verwirklichen. Seine Erkenntnisse basieren auf jungianischer und transpersonaler Psychologie und auf einem großen Schatz an mystischem Wissen und spirituellen Techniken. – David Richo gehört zu den namhaftesten Psychotherapeuten in den USA.

360 Seiten · ISBN 978-3-89385-581-0

Leseproben unter www.windpferd.de